H.E. Keizer - Heuzeveldt

En de lach keerde terug

UITGEVERIJ T. WEVER B.V. - FRANEKER

VOORWOORD

Toen een van onze kinderen mij dringend vroeg de oorlogs-
belevenissen van ons gezin op te tekenen, heb ik daaraan niet
meteen gevolg gegeven.
Nu nog, na bijna vijfendertig jaar?
Ik wist, dat het verleden sterk in me leefde — sterker, naarmate de afstand groter werd. En ik wist ook, dat ik er nooit
helemaal los van zou komen.
Is het de weerklank van alle gebeurtenissen, die me er tenslotte toch toe deed besluiten aan het vastleggen hiervan te
beginnen? Ieder mens heeft een eigen geschiedenis. Onze
geschiedenis, die van een jong gezin in de tropen, is niet
uniek. Duizenden delen met ons dezelfde of vrijwel gelijke
ervaringen. Tijdens de kampjaren en de daarop volgende
revolutie heb ik wel eens gezegd: „Ik zal nooit meer kunnen
lachen." Maar het leven is barmhartig, het herstelt zich en
'de lach keerde terug'.
Op de achtergrond echter leeft het verleden. Soms heb ik
nachtmerries. Ze hebben altijd iets te maken met opgesloten
zijn in een kleine ruimte, dichtvallende deuren, rolluiken die
naar beneden komen en zich sluiten nog voor ik ontsnapt
ben. Ook droom ik herhaaldelijk van water. Een hoge
vloedgolf die tot aan mijn voeten komt, maar me nooit
overspoelt. Angst voor de politie, wanneer ik op een autoweg
rijd en ze achter mij zie komen. Zetten ze hun helm af, dan
wijkt de angst. Is de anonimiteit van een leger — allemaal
dezelfde uniformen — zo schrikaanjagend, omdat de identi-
teit van elk mens afzonderlijk niet meer te herkennen is?
Toch een trauma?
Het verleden is duidelijk aanwezig en de angst ligt altijd op
de loer bij ingrijpende gebeurtenissen, die zich toch soms
maar incidenteel voordoen. Heel bewust leef ik in het heden
en niet bij het verleden, en toch . . .
Aanvankelijk was het mijn bedoeling onze kinderen een
weergave na te laten van de in hun leven zo vérreikende
invloeden, die hun sporen nalieten. Geborgenheid is een zo
belangrijke factor in een kinderleven. De scheiding van het
gezin door de afwezigheid van mijn man, het ontbreken van

een eigen huis, ontnam hun die geborgenheid en raakte de kern van hun bestaan. Voor hen in de eerste plaats heb ik deze herinneringen geschreven, niet overtrokken, maar zoals het zich heeft afgespeeld.

Bij publicatie hiervan voor een ruimer lezerspubliek realiseer ik me, dat ik een deel van mijn privacy, een stuk innerlijk beleven, prijsgeef. Het maakt me kwetsbaarder, maar daaraan valt niet te ontkomen. Het verhaal is een monoloog geworden, omdat ik de meeste ervaringen alleen meemaakte en ze niet met mijn man kon delen, of zoals Presser ergens zegt, een ego-document, waarin de loop der dingen wordt waargenomen door een 'temperament'.

Ik heb geprobeerd iets te verwoorden van mijn eigen vragen, twijfel en onzekerheid, maar ook van het overtuigd zijn van Gods nabijheid in de meest hachelijke ogenblikken. Van vertrouwen en toekomstverwachting en door alles heen het geloof in de levende Heer.

Misschien zullen anderen, over wier leven nog steeds de schaduw valt van die voorbije jaren, er iets in herkennen en kan het hen helpen dit verleden te maken tot een 'voltooid' verleden.

ZO BEGON HET

Een avond als vele andere. Plotseling rinkelt de telefoon. Dick, mijn man, die dienst doet bij de luchtbeschermingsdienst (L.B.D.), geeft een bericht door. „Maak je niet al te ongerust, maar straks zal er gebombardeerd worden. Waarschijnlijk zullen de havens het doelwit zijn."
Ik leg de hoorn terug op het toestel en spel het woord ge-bom-bar-deerd. In gedachten zie ik Rotterdam, een puinhoop. Mijn familieleden, leven ze nog? We zullen het pas een half jaar later weten, als een brief ons na vele omzwervingen via Amerika bereikt.
Was dit het begin van de moeilijke jaren die zouden volgen, of lag het begin er al eerder, op het ogenblik dat we op de 14e mei 1940 de Gouverneur-Generaal door de radio hoorden zeggen: 'Nederland zal herrijzen uit de poel van ellende, waarin het nu gezonken is'?

We leefden al twee jaar in spanning en een zekere angst, die nog was toegenomen toen de, voor de Amerikanen onverwachte, aanval van de Japanners op Pearl Harbour plaatsvond op 7 december 1941. Ook Singapore werd gebombardeerd en op dat ogenblik wisten we, dat de Pacific-oorlog dichterbij kwam.
Sindsdien leefden we ons eigen min of meer besloten leven in een, zodra het donker inviel, verduisterde stad.
Overdag leek alles gewoon, maar 's avonds was er de avondklok die ons beperkingen oplegde.
Het witte huis werd bruin gekapoerd (gekalkt) en de zwarte verduisteringsgordijnen schermden niet alleen alle licht af dat naar buiten zichtbaar zou kunnen zijn, maar ontnam ons ook de zozeer gewenste frisse lucht.
In de late tropenavond zaten we dan ook meestal in de tuin, waar het nooit helemaal donker was. De sterren stralen in Indië immers zoveel helderder dan in Holland!
Hoeveel manen hebben we zien opkomen en afnemen in al die jaren? Wat stond ons te wachten in de komende tijd?

Mei 1940 ... januari 1942. Mijn gedachten gingen terug.

7

De oorlog in Nederland was nauwelijks begonnen, toen onze kleine Ella ziek werd. Ik kan hier nog steeds moeilijk over schrijven. Hoe zou ik ooit die tien dagen, levend tussen hoop en vrees, kunnen vergeten? Hoe zou ik het rusteloze heen en weer bewegen van haar hoofdje, toen ze ons al niet meer herkende, die zoekende handjes, kunnen wegdenken? Het ogenblik kwam dat we haar moesten loslaten en teruggeven aan God, van Wie we haar ontvangen hadden.

Dat was op een zaterdagavond. Zondagmiddag brachten we haar voor altijd weg. Die avond sloot Dick de deur van ons huis; we waren nu met ons drieën en Ella'tje lag buiten. Eén ding wist ik heel zeker: God vergist zich niet, ook niet met de bedoeling van haar leven, dat maar zo kort had geduurd.

'Stoffelijk overschot', zeiden de mensen. Maar was het dan niet het kindje, dat we zó hadden liefgehad, waren het niet de handjes en voetjes die we gekoesterd hadden, de donkere ogen waarin altijd iets van de hemel was?

Stoffelijk overschot. Het was voor mijn besef niet met dit beeld te rijmen. Of is het de lege schaal, die gebroken achterblijft, als het jonge vogeltje zich heeft bevrijd en weg-gevlogen is?

Ik denk aan het tarwegraan dat in de aarde valt en sterft. Is dat soms de reden, dat ik zo houd van de zwarte akkers, waarin ik de tarwekorrel weet die ontkiemen zal en vrucht dragen, volle korenaren, glanzend en buigend in de wind? In de zwarte akkers ligt de belofte, dat de tarwekorrel rijpen zal en tot volle wasdom komen. Was het zo ook niet met onze kleine Ella? In de eeuwigheid zullen immers alle gaven en talenten, die in de kiem bij haar aanwezig waren, zich ten volle kunnen ontplooien!

> Onze lieve kleine Ella,
> in Christus geheiligd en als Zijn kind aangenomen.
> Van God ontvangen 30 October 1939.
> Tot Zich genomen 22 Juni 1940.

Dat staat op de eenvoudige steen, die de kleine grafkelder dekt. Een heenwijzing naar Hem, Die ook haar naam eens schreef in de palm van Zijn hand.

In mij groeide en klopte het nieuwe leven. Bijna vier maanden later werd Hanneke geboren. Ze was als haar zusje bij de geboorte: grote donkere ogen, donkere haartjes. Als ik over haar bolletje streek was het als een jaar tevoren. De gelijkenis met Ella'tje was zo sterk, dat het pijn deed. Hoewel ik blij was met dit kindje besefte ik pas veel later, hoe God me tegemoet was gekomen met Zijn troost, nog voor het verdriet kwam. Op sommige momenten hoor ik weer Marijckes stemmetje: „Zusje niet meer ziek, zusje niet meer buikje pijn, zusje is bij de Heer." Een wonderlijke bemoediging en troost kan er schuilen in het vertrouwen van een twee-en-half jarig kind. Marijcke zelf reageerde blij op de komst van haar nieuwe zusje, dat ze mee hielp verzorgen.

De oorlog in Europa breidde zich steeds verder uit. We vernamen het uit de schaarse berichten, die ons via de radio bereikten. En we probeerden ons de nood voor te stellen van de vele gewonden, stervenden en ontheemden, maar we hadden zelf nog niet ervaren wat het betekende 'in oorlog' te zijn.
De dreiging kwam onmiskenbaar nader en de gevolgen werden merkbaar. Er werd op aangedrongen zoveel mogelijk samen te gaan wonen, gezinnen bij elkaar; dat drukte de kosten.
In de loop van 1941 wist ik dat ik weer in verwachting was. We waren er blij mee, hoewel de toekomst onzeker was.
Achter ons huis hadden we een betonnen schuilplaats laten maken, waar we, vooral aan het einde van dat jaar, herhaaldelijk gewaarschuwd door de sirene, nogal eens in zaten. Toch was alles nog ver weg. Soerabaja was nog niet gebombardeerd.

En dan nu opeens dat telefonische bericht. Nu begrepen we, dat het niet lang meer zou duren voor de Japanners ook Java zouden bezetten. Tot nu toe waren het alleen maar verkenningsvluchten geweest. Op 10 december 1941 landden de Japanners op de Filipijnen, op 12 januari 1942 op Borneo. Op welke datum het eerste bombardement op Soerabaja plaats vond weet ik niet meer, maar toen na de landing op Tarakan op 15 februari Singapore viel, begrepen we wel dat

we voor Java geen illusies meer behoefden te koesteren. Op
27 februari 1942 ging onze marine, na een moedige strijd op
de Javazee, ten onder en het was duidelijk, dat het nog maar
een kwestie van dagen zou zijn of Java zou bezet worden.
Het ene bombardement volgde op het andere, meestal werden de havens getroffen.

Tante Lien den Braber, mijn vriendin, was met Kees, haar
zoontje van zes, bij ons ingetrokken. Haar man was onder
dienst.
Marijcke ging in die tijd naar een kleuterschooltje.
Op een ochtend, tijdens een luchtalarm, racete Dick er heen,
vond alle kinderen onder de bedden van het naburige huis,
viste haar op en kwam in razende vaart thuis.
Als bescherming tegen eventuele granaatscherven was door
deskundigen (?) aangeraden alle kinderen een zinken emmertje op het hoofd te laten dragen. Ik had dus een emmertje
gekocht en dat gewatteerd en gevoerd. Belachelijk achteraf.
Ze droeg het nooit!
In de schuilkelder, die de vorm van een ellips had, lagen
planken waarop een teil stond waarin Hanneke precies paste.
De bedienden hadden een eigen schuilruimte in de bijgebouwen. Ze trokken zich niet al te veel van de bombarde-
menten aan. Telkens verscheen de djongos (huisjongen) met
koffie, koele drank, bouillon en sètroop (limonade) en
vruchten voor de kinderen.
Dick deed tussen alle bedrijven door praktijk, hield spreekuur, reed patiënten af en was 's nachts bij de L.B.D.
Zo leefden we met vrees en spanning door de dagen heen. De
Japanners kwamen steeds dichterbij.
Ongeveer een week voordat ze Soerabaja binnentrokken
werden we opgeschrikt door een serie doffe knallen. Op
Perak, het havenkwartier waar het marine-etablissement lag,
werden alle munitiedepots, olie- en benzinetanks opgebla-
zen.
Dick belde wanhopig naar alle kanten op om te proberen mij
met Marijcke en Hanneke naar Australië te krijgen. Met een
boot was het nog mogelijk, zelfs bleek er nog plaats in een
vliegtuig te zijn.

10

Ik weigerde. De zwangerschap was bijna ten einde en ik vond het ook niet solidair ten opzichte van de vele andere Nederlandse vrouwen, die niet meer weg konden naar het veilige Australië.

Veilig? Later hoorden we, dat de boot, waarmee ik zou gaan, werd getorpedeerd en het vliegtuig neergeschoten.

Achteraf heb ik geen moment spijt gehad dat ik op Java ben gebleven, hoe zwaar de jaren die volgden ook waren.

DE DREIGING KOMT NADER

Zo werd het 6 maart 1942.

Dick besloot die avond thuis te blijven en regelde dit.

Ook na medische controle was er nog geen enkele indicatie die op een naderende bevalling wees. We gingen gewoon naar bed. Er kon immers niets gebeuren!

De goedang (een klein kamertje in de bijgebouwen) hadden we in orde gemaakt als kraamkamer. Zandzakken waren boven het plafond als bescherming aangebracht, zodat ik min of meer veilig zou liggen. Alles wat nodig was lag steriel en afgedekt, klaar voor gebruik. Dat er regelmatig zand naar beneden viel ontdekten we pas later.

In de grote slaapkamer lag ik wakker, starend in het donker, luisterend naar de stilte van de nacht, waarin iets voelbaar was van een naderend onheil. De schijnbare rust werd af en toe onderbroken door geweervuur. Het klonk nog veraf, maar het gaf me een niet te definiëren gevoel van dreiging. Twee kleine kinderen en het kindje dat komen ging! In mijn hart was een stil, woordeloos gebed.

Plotseling een pijnscheut, na vijf minuten gevolgd door een tweede.

Ik maakte Dick wakker. Het was één uur. Na een kwartier was hij terug met een bevriende verpleegster, die tegenover ons in het park woonde. Ik had geen kans gezien naar de bijgebouwen te komen, zo snel ging alles.

Dick kwam nog juist op tijd om zijn eerste zoon op te vangen, een gezonde, gave, blonde baby. Het was inmiddels vijf minuten voor half twee.

Daar lag hij dan, onze kleine Dickie. Uit de veiligheid en beslotenheid van de uterus had hij zich in recordtijd een doorgang gebaand naar het leven. Het was alsof hij begreep dat we in een situatie verkeerden die nauwelijks tijd liet om geboren te worden.

Is het soms zo dat zich al heel vroeg karaktereigenschappen aftekenen, die bij het opgroeien herkenbaar zijn?

Later heb ik vaak aan deze ogenblikken teruggedacht, toen hij bescheiden, zichzelf altijd wegcijferend terwille van de ander, zijn weg door het leven ging.

Om twee uur 's nachts was alles achter de rug.

In het donker lag ik te luisteren. In de verte af en toe een schot, een hond die blafte en vlak bij me de kleine geluidjes van onze pasgeboren zoon.

Tante Lien zei de volgende dag: „We gingen naar bed, een paar uur later werd er een kind geboren en om half drie lagen we weer in bed.''

Om vijf uur 's ochtends werd er gemitrailleerd. Het klonk erg dichtbij.

In allerijl werden de kinderen uit hun bedjes naar de schuilplaats gebracht. Dick hevelde mij over naar de geïmproviseerde kraamkamer in de bijgebouwen, gevolgd door de reiswieg. We hadden onze Dickie bijna vergeten!

Toen na enige tijd het schieten ophield en Dick poolshoogte nam, bleek de waterleiding te zijn geraakt. Een heel dun straaltje kon met moeite worden opgevangen. De bedienden bleven weg. Tante Lien verzorgde alles, samen met het dochtertje van een collega uit Semarang, die tijdelijk bij ons inwoonde.

Later kwam Riek Dengerink, een lerares, met een meisje wier ouders op Borneo woonden, hulp aanbieden. Dat haar ouders bij de landing van de Japanners waren vermoord wist ze toen nog niet. Wonderlijk, hoe het leven onder alle omstandigheden doorgaat.

De volgende morgen deden de Japanse stoottroepen hun intrede in Soerabaja. Kleine, gele kereltjes met scheve ogen. Slordig, ongedisciplineerd kwamen ze voorbij op hun gymschoentjes.

Ik was weer terug in onze eigen slaapkamer.

Hoewel pas twee dagen kraamvrouw — het was de tijd dat zeven dagen liggen voorschrift was — stond ik recht overeind om de stukken zeep en andere belangrijke zaken een betere plaats in de kast te geven.

Erg veel herinner ik me niet meer van die dagen, alleen dat er voortdurend geloop was van mensen die hulp boden.

Na enige weken hadden de Japanners bezit genomen van alle openbare gebouwen en de ene verordening volgde op de andere.

Iedere zondag moest bij elk huis de vlag van Nippon hangen:

een groot wit vlak met een rode bal. We namen rode stof, die zo slecht was dat het bij de eerste de beste regenbui afgaf en doorliep, legden het geval op de grond, trapten erop en hingen hem vervolgens verkreukeld buiten. Toen kwam het bevel dat alle Europeanen zich moesten laten registreren, compleet met vingerafdrukken. We hingen een hele dag rond in het gouvernementskantoor voor we aan de beurt kwamen. De djongos bracht ons eten en drinken.

Het sluiten van de regeringsgebouwen had onder meer tot gevolg dat geen enkele ambtenaar, die op welke wijze dan ook aan het gouvernement verbonden was geweest, nog kon rekenen op uitbetaling van zijn salaris. Zo gauw waren de Hollanders echter niet te verslaan. Geen geld? Dan moest er iets op gevonden worden. Allerlei karweitjes werden aangenomen. De vis die we soms aten was gevangen en gerookt door het hoofd van een school. Vrouwen maakten limonade en borstplaat, naaiden, gaven les aan huis omdat alle scholen dicht gingen. Kantoormensen brachten melk rond en zo werden de meest uiteenlopende werkzaamheden verricht door in de maatschappij in status verschillende functionarissen.

Degenen die een vrij beroep hadden waren er nog het best aan toe. Dick behoorde daartoe, maar liet de meeste patiënten niets betalen. Alleen de rijke Chinezen leefden door alsof er niets aan de hand was.

Langzaam maar zeker trok het net dicht en werden de bepalingen strenger. Alle radio's werden verzegeld, maar velen zagen kans ondanks deze maatregel naar de BBC te luisteren. Dick ook. Elke avond dook hij tussen de kast en de muur en gaf ons de berichten door. Erg hoopvol waren die niet. We wisten het, 'bloed, zweet en tranen' had Churchill ons voorspeld.

Soms was er huiszoeking. Ook kwamen er regelmatig Japanse officieren en liepen door de huizen, die in veel gevallen in beslag werden genomen.

Op een dag werden alle radio's gevorderd, later alle auto's, ook die van de artsen.

Omdat na zes uur 's avonds niemand meer naar buiten mocht, deden we eindeloos spelletjes en zaten urenlang in de tuin onder de heldere sterrenlucht. We maakten plannen voor als de oorlog voorbij zou zijn en wisten niet, hoe moeilijk en zwaar het nog zou worden, hoe ons leven soms aan een zijden draadje zou hangen. Toch, het leven ging door en we probeerden het voor de kinderen zo prettig mogelijk te maken. De zandbak was er, de schommel, de heerlijke tuin, maar op de achtergrond leefde de angst.

Het duurde tot mei 1943 voor een auto voor ons huis stil hield en twee marine-officieren de voorgalerij binnenstapten. Ons huis werd gevorderd. De volgende morgen om negen uur moest het ontruimd zijn.

Die dag werd verder besteed aan het opbellen van woningbureaus, maar geen enkel huis was vrij. We fietsten met ons drieën, Dick, tante Lien en ik, van één tot vijf uur rond. Geen ander huis te vinden.

Om acht uur 's avonds hoorden we van vrienden dat er ergens een huis was vrijgekomen. De familie die er woonde moest naar de vrouwenwijk en ze hadden de sleutel gewoon in het slot laten zitten.

De volgende morgen stond de verhuiswagen al heel vroeg voor de voorgalerij. Wie nooit een verhuizing in Indië heeft meegemaakt kan zich daar geen voorstelling van vormen. Geen inpakken van kisten en dozen met servies en glaswerk, nee, alles ging zo op een platte kar met twee wielen. Kasten werden compleet met inhoud op de kar geschoven en zonder dat er ook maar iets brak waren we in enkele uren over.

Wat zouden we ons eigen huis en tuin in de jaren die volgden missen en in onze herinnering meedragen. De bougainvilles in verschillende kleurnuances, de statige flamboyant met zijn felrood-oranje bloemen, de zelfgekweekte orchideeën, die in hun blanke en paarse schoonheid tegen een boomstam groeiden.

Het nieuwe huis in de Altingstraat was veel kleiner dan we gewend waren, maar we vonden er een plaats. Veel van de meubelen bleef bij gebrek aan ruimte buiten staan. Hoe lang zou ons deze verblijfplaats gegund worden? De meeste mannen waren al geïnterneerd. Alleen de geestelijkheid, de artsen en de zogenaamde 'werkgroep' was nog vrij.

Het leven draaide door in ons overvolle huis. In de tuin stonden een paar hutkoffers en een heel grote vierkante kist, waarin ik weken tevoren alle kristal had gepakt. Waaierslijp

15

in wit en groen, een oud, ongeschonden blauw koffieservies, enzovoorts. Veel deed het me op dat moment niet.

Belangrijker was de komst van weer een baby, die we half oktober verwachtten. Het was pas begin juni en om de een of andere reden, welke weet ik niet meer, moest ik het grootste deel van de dag liggen.

Op een nacht werden we opgeschrikt door een hevig bombardement. We meenden dat het een oefening was en bleven maar op. Later bleek dat de geallieerden dit bombardement hadden uitgevoerd. Veel Japanners waren daarbij omgekomen, vertelde een Chinese collega ons later.

Tante Lien deed enorm veel. Gelukkig wel, want we hadden nog maar enkele bedienden en een Chinees meisje zorgde voor de kinderen.

Weer zaten we alle avonden achter in de tuin, weer kon elke dag ons voor allerlei problemen plaatsen.

Overdag was het op straat niet prettig meer. De houding van de bevolking was vijandig geworden, de stemming vaak dreigend.

Dick fietste elke dag naar de stad voor de weinige overgebleven patiënten en soms om een collega te ontmoeten.

Op een morgen zat onze Dickie stil en bleek in zijn kinderstoel en wilde niet eten. Iets onvoorstelbaars voor hem! Na een uurtje constateerde ik dat hij ziek was, hoewel geen enkel verschijnsel daar op wees.

Ik probeerde Dick in de stad te bereiken en vertelde in het Maleis, geheel volgens voorschrift, dat ik me ongerust maakte. Mijn man probeerde niet mij gerust te stellen. Hij kende me goed genoeg om te weten dat ik niet nodeloos zou opbellen. Ook de internist, dr. Luyke Roskott, bij wie hij op bezoek was en die ook bij onze Ella'tje was geweest, gaf als commentaar: „Als jouw vrouw zegt dat hij ziek is, dan is dat zo. We gaan er meteen naar toe!"

Enkele uren later stonden er drie artsen en een zeer angstige moeder om een bijna stervend kind. Nog steeds geen koorts, geen enkele duidelijke indicatie, alleen een zurige lucht.

Een Chinese arts probeerde het laatste redmiddel: zoutsolutie. Het lukte hem met zijn fijne vingers het vocht in de aderen van het doodzieke kind te spuiten. Radeloos en in

hevige spanning wachtten we af. Zou het effect hebben?
Twee dagen leefden we in hoop en vrees. „Nee, God, vraag niet nóg een kind terug," was een stille bede die werd opgezonden.
Op de derde dag kwam de diarree met stromen los, gepaard gaande met braken en hevige benauwdheid. Toch was het als een verlossing: paratyfus of iets wat daarop leek.
„Nu wordt hij beter," zei de internist, die dit nog juist meemaakte.
Opeens ging de telefoon, die voor ons zo langzamerhand alleen nog maar een boodschapper van slechte tijding was geworden.
„Njonja Den Braber musti datang sekaring!" Een boodschap van de Japanner. „Mevrouw Den Braber moet dadelijk komen!"
Lang hadden we tante Lien vrij kunnen houden met als voorwendsel dat ze nodig was 'als hulp in de praktijk' en nu was daar het bevel, waaraan niet te tornen viel.
Een stuk van mijn wereld stortte in. Tante Lien weg naar de vrouwenwijk, mijn steun en toeverlaat, een doodziek kind en een baby op komst . . .
Een uur later vertrok ze met Kees, en een paar koffers als enige bagage. We wuifden haar na toen ze in de 'dogcar' wegreed. Ik besefte op dat moment nog niet, dat ook wij niet lang meer vrij zouden blijven.
„Maak je maar klaar," zei ik tegen Dick, toen we wegliepen, „het vruchtwater is gebroken."
„Dat kan toch niet," was het commentaar, „het duurt nog minstens veertien dagen!"
In allerijl werd Dickie overgebracht van onze slaapkamer naar de kinderkamer, waar ook Marijcke en Hanneke sliepen, en er werd een mantri (Javaanse verpleegster) voor hem gecharterd.
Het was 's middags twee uur. Ik verschoonde het bedje, kon nog net een schoon lakentje op de babytafel leggen, ging op bed liggen en, zoals het dan in de Bijbel heet, 'baarde een kind'.
Spartelend lag daar om vier uur een levendige, snoezige baby met donkere oogjes, nog onbewust van de chaotische toestand waarin ze ter wereld was gekomen.

Ook na deze laatste krachtsinspanning bleven mijn gedachten helder, al verdrong zich het ene beeld na het andere. Dankbaarheid om de goede afloop na al die maanden. Blijdschap om dit mooie, gave kindje. Innige voldoening dat Dick er nog was en de bevalling had geleid. Maar het kleine, zieke jongetje dan in de kinderkamer, overgeleverd aan de wel goede, maar vreemde handen die hem verzorgden, verstoken van alle contact met de eigen, vertrouwde moeder, die niet met hem in aanraking mocht komen vanwege het besmettingsgevaar? Kleine Dickie, ziek en min of meer geïsoleerd.

Mijn gedachten dwaalden verder naar de andere kinderen, nog zo jong, zo weerloos.

Uit de wieg kwamen onbestemde babygeluidjes. Misschien het onbehagen van een pasgeborene, die ongeweten bescherming zoekt?

Een gedicht, dat ik nog kende uit mijn meisjestijd, kwam mij voor de geest. Het ontroerde mij altijd hevig in die up- en down-periodes, die elk vrouwenleven nu eenmaal kent:

Kindje, wat kom je doen in dit grote leven
met je teer zieltje, dat van niets nog weet,
kom je 't verlangen van je armpjes geven
aan deze wereld, die kindjes vergeet?

Kom je met de helderheid van je ogen
onze schemerige wereld in,
waarom ben je niet teruggevlogen
recht de zuivere hemel in?

En je kijkt maar zacht en je lacht me tegen
en je lacht me toe en kijkt zo zacht.
Kindje, je bent een grote zegen,
je armpjes verwachtend en je oog dat lacht.

Je bent aan de wereld van God gegeven,
hoe heeft Hij altijd aan ons gedacht.
Wij zijn te kort maar kind gebleven
met de armen verwachtend en een oog dat lacht.

Nu ik me de woorden van dit gedicht herinner denk ik, dat de gedachten erin verwoord van deze tijd zouden kunnen zijn. Toch, wat waren we, zelfs in deze onzekere tijden, blij met dit mensenkindje, onze Elisabeth Maria, Elsemiekje zoals we haar zouden noemen. Het was, net als bij de andere kinderen, of ze er altijd bij had gehoord.

„De baby van mevrouw Keizer is er," werd door iemand over het gedek (rietmatten, waarmee de vrouwenwijk, een deel van de stad, was geïsoleerd en afgezet) heen geroepen. Plotseling kwam tante Lien binnen. Onder voorwendsel dat ze nog iets moest halen, had ze toestemming gekregen van de Jap, die overigens met argusogen toezag op wat er binnenkwam of uitging. Het was een blijde ontmoeting, al duurde die maar kort. Voor de tweede maal die middag bracht Dick haar weer naar de dogcar.
De volgende morgen, Dick was naar patiënten, kwamen enige pemoeda's (jonge nationalisten) de slaapkamer binnen. Ze rukten de kasten open en namen mee wat van hun gading was. En dan te bedenken, dat de Javaan in wezen een zeer hoffelijk en bescheiden mens is! Het trof mij pijnlijk, omdat hier afkomst en adat (zeden en gewoonten) werden verloochend.
Ik was juist Elsemiekje aan het voeden en probeerde mij er zo weinig mogelijk van aan te trekken. Met het warme lijfje tegen me aan dacht ik: hier blijven jullie van af!
Ze verdwenen weer en even daarna kwam Dick thuis.
Een dag later moest hij weer naar de Jap voor registratie. Na uren en uren wachten werden hem de papieren, die garandeerden dat hij nog een maand vrij zou zijn, uitgereikt. Opgelucht kwam hij ermee thuis.
De Japanner bleek echter, zoals we nog vele malen zouden ervaren, niet altijd betrouwbaar te zijn.

Op 2 oktober 1943, de dag erna, ging weer de gehate telefoon. Dick werd opgeroepen en moest zich meteen melden. Dit was het einde, daar was ik volledig van overtuigd.
Al weken tevoren had ik voor hem bij wijze van voorzorgsmaatregel een koffer gevuld met kleding en vooral levensmiddelen.

Toen kwam het afscheid. Zouden we elkaar ooit terugzien? De volgende dag kreeg ik vanuit de gevangenis zijn portefeuille, portemonnee en das toegestuurd. Niet begrijpend, verbijsterd, staarde ik ernaar. Wat betekende dit? Hadden ze hem doodgeschoten, zoals zoveel anderen? Maar waarom?

Ik was nerveus, had al gauw geen voeding meer, kon geen hap door mijn keel krijgen en dronk alleen maar melk en ijswater.

Ik stond op, want ik wist dat ik de volgende dag in de vrouwenwijk moest zijn. Dat was nu eenmaal voorschrift. Maar hoe kon dat? De baby was nog maar drie dagen, Dickie nog erg ziek en ikzelf? Ik moest inpakken, maar maakte eerst nog een inventarislijst op van alle aanwezige medische boeken. Een Chinese collega zou ze bewaren.

Na een paar dagen stapte ik voor een noodzakelijke boodschap op de fiets en kreeg pijn in mijn been. Thuis gekomen ploeterde ik verder aan de inventarisatie van de boeken, met één been steunend op een kruk.

Zo vond de laatste Nederlandse collega me en stelde de diagnose: trombose. Dat betekende liggen en rusthouden, maar dat was met vier kinderen en in deze situatie onmogelijk! De inventarisatie stopte. Na de oorlog bleek, dat alles toch verloren was gegaan.

De achtste dag kwam en daarmee de komst van een Javaanse politieman. Of ik niet wist, dat ik allang geïnterneerd had moeten zijn?

Ik knikte en wees naar de woorden die Dick nog voor hij wegging boven de slaapkamerdeur geschreven had: 'Njonja beranak 29-9 en sinjo sakit keras': mevrouw heeft op 29-9 een baby gekregen en het jongetje is ernstig ziek.

De politieman bleek een mens te zijn en een hart te hebben. Hij beloofde het niet te melden, als ik de volgende morgen om negen uur maar weg was met de kinderen, naar de vrouwenwijk. Alleen een paar koffers mochten worden meegenomen.

Hoe ik deze week en met name deze dag doorgekomen ben heb ik tot nu toe niet begrepen. Zorgen voor de kinderen, koffers inpakken. En dat terwijl gediensige mensen, van allerlei nationaliteit, ons huis in- en uitliepen. Zwitsers,

20

Zweden, Indo's, Chinezen, alles liep door elkaar en wilde helpen.

Geen wieg, geen kinderbedje, geen kinderstoel, geen tafel of kinderzitje mocht mee.

Onder veel verdriet van de kinderen verdwenen autopeds, fietsjes en poppewagens en ook de groen-gele wieg, die ik eens bekleedde voor onze Ella'tje ... De wieg die zo'n getrouwe kopie was van de Rie Cramer-wieg die ik jaren later bekleedde voor Marijckes Ella'tje.

DE VROUWENWIJK

Praktisch de hele nacht werd er doorgewerkt en om acht uur stapte ik in de dogcar met de kinderen, de koffers en verder niets!

Het huis bleef achter met alles wat we bezaten aan mooie dingen en herinneringen.

Ik vroeg de Zweedse familie, die na ons in het huis trok en niet geïnterneerd werd, te proberen de grote hutkoffer en de kist met kristal te bewaren. Ze deden afwerend en beweerden geen plaats te hebben. Nooit heb ik er iets van teruggezien ...

Een Zwitserse zuster uit het Leger des Heils Ziekenhuis zou mijn bureautje, stoel en antieke theestoof en nog enige andere kostbaarheden bewaren. Dat leek mogelijk, want Zwitserland was immers neutraal?

Enkele jaren na de oorlog heeft oom Henk het bureautje in het ziekenhuis teruggevonden. Hij herkende het, legde er beslag op en bracht het mee naar Holland. Alle andere kostbaarheden zijn nooit achterhaald.

Allerlei andere zaken, zoals ons slaapkamermeubilair, had ik aan ons Chinese meisje Nettie So gegeven, dat zoveel voor me gedaan had.

Zo reed ik dan op die zonnige morgen weg en liet het huis voor wat het was. Vreemd, dat op zo'n moment stoffelijke dingen je zo weinig zeggen. Ik had meegenomen wat ik meende nodig te hebben, vooral veel spulletjes voor de kinderen en zoveel mogelijk voedsel en medicamenten.

De kinderen waren bij me en dat was het belangrijkste.

Het kamphek ging open en werd meteen weer achter me gesloten.

Na allerlei formaliteiten mocht ik door en werd met een hoeraatje verwelkomd door vriendinnen en patiënten.

Ik kreeg een garage voor mij en de kinderen toegewezen.

In elk huis van vier à vijf kamers woonden ongeveer vijfenveertig vrouwen en kinderen. Men had ruimte voor me gemaakt, gezorgd voor een stapelbed en in de loop van de week voor drie kinderbedjes, een kast en een babytafel.

In hetzelfde huis kwamen tante Lien en Kees terecht. Eerst hadden ze de beschikking over een mooie grote kamer, nu kregen ze alleen maar een goedang (opbergkamertje) in de bijgebouwen. Maar we waren blij dat we weer bij elkaar waren.

Een groot voordeel was, dat we min of meer afgezonderd konden blijven van de anderen, omdat we in de garage woonden, al kwamen we op de emper (overdekte tegelgang, lopend langs alle bijgebouwen en de verbinding vormend met het hele huis) telkens mensen tegen op weg naar keuken of badkamer.

We hadden onze vaste tijden om te baden en te koken. Het was allemaal uitstekend georganiseerd en de stemming onderling was erg goed. Omdat de baby nog zo klein was kreeg ik drie weken vrij van corvee en ik hoefde dus geen badkamers en gangen te schrobben.

De bedden in de garage stonden opgesteld als een trein. Haaks op het stapelbed drie kleine bedjes achter elkaar. Daar tegenover de kast en de babytafel. Een uitgespaard hoekje waar tante Lien en ik 's avonds zaten en veel zongen uit het liedboek van toen. Overdag zaten we, als we tijd hadden, voor de garage waar ook de kinderen speelden.

In de wijk was een soort passar, waar we, zij het beperkt, nog wel een en ander konden kopen. Het Nederlandse geld was al lang vervangen door Nippons geld.

Koffers, jasjes van de kinderen, alle voorraden lagen buiten. Op een nacht werden alle jasjes en capes gestolen; nogal erg, want het was regentijd.

Het gebeurde meermalen als we een sisir (tros) pisang afspoelden, we die slechts met moeite konden vasthouden, omdat één van de vele apen die ergens waren losgelaten, aan de andere kant trok. Later, in het kamp, zouden het de muizen zijn, die meeaten van de kinderbordjes.

Achteraf gezien was deze tijd nog niet zo erg. Als we hier hadden kunnen blijven tot de oorlog voorbij was, waren ons veel ontberingen bespaard gebleven, al was ook dan de honger gekomen.

Eind oktober kwam het bevel, dat alle vrouwen van de begin-oktober-internering weg moesten naar Midden-Java.

Ons kleine, nog niet helemaal herstelde jongetje, dat vanaf

onze komst in de wijk in het ziekenhuis had gelegen met een recidief van de paratyfus, was weer bij ons, maar nog zo mager, slap en vatbaar voor infecties. En dan die kleine baby?

Ik hoorde bij het transport vrouwen dat in de eerste helft van oktober was binnengekomen en er was geen pardon. Toch wisten enkele vrouwen, die in de leiding van de wijk zaten, de Japanners ertoe te bewegen mij in deze omstandigheden te laten blijven, samen met tante Lien, zonder wie ik immers met die vier kleintjes niet weg zou kunnen.

Het gevaar was afgewend, voor hoe lang? Wij leefden bij de dag.

Het transport vertrok. We zwaaiden de vrouwen uit en kwamen kapot en ontdaan terug van deze urenlang wachtende, oververmoeide en opgejaagde groep. Bijna kapot, want een Nederlandse vrouw kan veel meer aan dan ze denkt.

De kerkdiensten in het 'bruine huis', een soort gemeenschapshuis, gingen door, al was tante Dien Peek weg. De week daarna nam ik de dienst over. Enkele honderden vrouwen volgden deze bijeenkomsten, die echter al gauw werden verboden.

Er waren veel griezelige beesten in de garage en in de goedang van tante Lien huisde een zeer grote spin, met een knikker van eitjes onder haar buik. We waren er allebei doodsbenauwd voor en dat betekende het einde van deze aanstaande moeder.

Op een nacht zou ik Elsemiekje helpen. Een grote, ijskoude spin viel op mijn pols. In bed werd ik gestoken, ontdekte een kakkerlak en durfde niet meer te slapen. Opgerold in een kinderbedje bleef ik wakker tot het licht werd.

De kinderen misten hun speelgoed: het hobbelpaard, de autoped, de autootjes, het schoolbord. Alles moest immers in ons huis achterblijven. Maar de bouwdozen waren er nog, een paar spelletjes, poppen en de grote langstaartige Mickey Mouse, de dierbare vriend van Marijcke en Hanneke.

Dickie had Kitsi, een slappe clownpop, gekregen in het ziekenhuis. Een dierbaar stuk, dat de oorlogsjaren doorstond, en later met hem in Holland belandde. Kitsi was onafscheidelijk en is nauw met zijn vier eerste levensjaren verbonden. Soms was er een been weg, dan weer miste er een arm, maar altijd werd het ontbrekende deel teruggevonden en weer aangenaaid. Heeft ooit een lappenpop meer de functie van kameraadje vervuld? Hij heeft een eenzaam kinderhartje, dat maar niet begrijpen kon waarom alles zo onveilig, zo anders was geworden, getroost. Kitsi, nog steeds aanwezig in het grote huis van dat kleine jongetje van toen.

Op een nacht werd Hanneke wakker. Huilend en volkomen overstuur kroop ze in een hoek van haar bedje en wees naar een denkbeeldig beest. Er was echter niets te zien of te ontdekken.

„Je hebt gedroomd, ga maar weer lekker slapen," probeerde ik haar te troosten. Maar angstig bleef ze naar de hoek wijzen waar het beest zou zitten. Ze was niet te kalmeren.

Ten einde raad nam ik haar bij mij in bed, waar ze tot rust kwam.

De volgende morgen speelde ze weer gewoon en ik meende dat de droom geen gevolgen had.

's Avonds herhaalde de geschiedenis zich echter.

Marijcke, die op het onderste stapelbed sliep, kon haar handje bereiken. Ze hield het vast en dat maakte haar rustiger.

Toch bleven de nachtmerries komen en het moment kwam, dat ze haar bedje niet meer in durfde.

Tegen de schemer zag ik haar ogen dwalen naar het bedje en dan klonk het eerst moedige, maar dan trillende stemmetje: „Hanneke is niet bang, hè mamma? Is geen beest. Nee, Hanneke-is-niet-bang." Grote angstogen begeleidden de laatste, nauwelijks hoorbare woorden.

Wat was hier aan de hand? Haar bedje bleef staan, maar ik liet haar er niet meer in slapen.

Overdag probeerden we van alles. Ze deed mee, maar niet van harte.

Zou het kleuterschooltje misschien uitkomst brengen? Het was vlakbij, opgezet door enkele nonnen. Ze kwam er een paar dagen achter elkaar overstuur en verhuild vandaan. Ondanks het advies van de nonnen om door te zetten, 'het kind niet zo te verwennen', hield ik haar thuis.

Is in deze tijd de grondslag gelegd van 'het trauma', dat haar een groot deel van haar leven zou achtervolgen? Vader was weg en kwam maar niet terug, het eigen huis was er niet

meer. Alleen veel vreemde mensen, soldaten die schreeuwden. Haar hele vertrouwde wereldje was ingestort. Was het
dat? Ach, wat begrepen wij, volwassenen, nog weinig van de
chaos in dit kinderhartje. Hoeveel kinderen zaten in dezelfde
situatie? Het werden moeilijke maanden.

Soms was er huiszoeking. Dan drongen soldaten binnen en
zochten naar geld of kostbaarheden.
Eens kregen we het bevel onmiddellijk naar het grote grasveld te komen, alle vrouwen en kinderen. Alleen de jongsten
moesten we, onder toezicht van een jong meisje, achterlaten.
Naar het plein. Wat had het voor zin, wat wilden ze? Koud
van angst werden we het huis uitgedreven, met achterlating
van Dickie en Elsemiekje.
Op het plein stonden de verschrikte vrouwen te wachten;
waren het uren, waren het kwartieren?
Toen reed een konvooi vrachtwagens met soldaten de poort
binnen. Duizenden vrouwen keken ademloos toe; zij eraf en
wij erop? En onze kinderen dan, de kleintjes, die alleen
waren?
Er gebeurde niets. Eindelijk mochten we terug. De kinderen sliepen rustig. Alle koffers, kasten en bedden waren
overhoop gehaald, maar met de kinderen was niets gebeurd.
Menig dankgebed zal zijn opgezonden.

Dick maakte in een van de vrouwenkampen, waar hij werkte, mee dat alle kinderen, van klein tot groot, op een vrachtauto weggehaald werden. Waarheen? Niemand wist het. De
moeders waren radeloos. In grote angst en spanning hebben
ze gewacht. 's Avonds kwamen de kinderen ongedeerd terug.
Dit was één van de vele methoden van de Jappen om het
moreel van de vrouwen te breken.

KAMP GEDANGAN

Er gaat een gerucht over een transport!
Als ik dit schrijf breekt me nog het klamme zweet uit. Geen woord dat zó verlammend werkte, geen begrip waarin de angst zo voelbaar was. Op alle manieren probeerden de Jappen de vrouwen eronder te krijgen, ook hiermee. En van die geruchten was altijd wel iets waar, al wisten we nooit het hoe en het waarom.

Enige dagen later moesten we kesilir-bultzakken maken, matrasjes van 170 bij 55 cm. We bezaten geen naaimachine en geen kapok. Over enkele dagen moest het klaar zijn. Paniek? Nee, wel grote haast.

Intussen moest al het Nederlandse geld worden ingeleverd. De meesten hadden daar nogal wat van. We meenden, ten-minste aan het begin van de bezetting, dat dat nog wel eens van pas zou kunnen komen. Ik leverde driehonderd gulden in en verpakte de rest heel zorgvuldig in flesjes met patent-sluiting. Daar gingen weer oude fietsbanden omheen en het geheel werd afgewerkt met gegalvaniseerd ijzerdraad. Sa-men met tante Lien, die hetzelfde deed, heb ik het begraven. Nederlands geld was voorlopig niet meer gangbaar en zelfs verboden!

De bultzakken voor zeven mensen kwamen op tijd klaar. Koffers werden gepakt, foto's uit albums gehaald, zilveren theeservies en lepeltjes zo goed mogelijk op een niet in het oog vallende plaats begraven. Een mooie handdoek of een luxe artikel moest plaats maken voor een blik havermout. Met de beschikbare ruimte moest worden gewoekerd.

Waar zouden we terechtkomen?

De kinderen waren onrustig en wijzelf sliepen niet of nau-welijks. De vrachtwagens konden elk ogenblik komen om ons af te halen. Zenuwslopende dagen en uren.

Eindelijk, om één uur, daar waren ze dan. We werden er letterlijk ingepropt. Met twee kinderen zat ik voorin en tante Lien achter me met de andere drie. Dickie vlak naast me, bijna tegen de chauffeur aan.

Met een onbewust gebaar trok ik het jongetje dichter bij me. Dit ontlokte de chauffeur de opmerking: „Ik zal hem heus niets doen!" „Dat verwacht ik ook niet," gaf ik de man, die zoëven alle achtergebleven kleding uit de kasten had geroofd, ten antwoord.

Op het station stond de trein al klaar. Harde banken en alle ramen geblindeerd. Geen reiswiegje voor de baby, geen enkele voorziening voor zieke kinderen.

Na uren van wachten kwam de trein in beweging en begon eindeloos te rangeren. Het leek wel of we alleen maar heen en weer reden. Geen spleetje of kijkgaatje was er om iets van de buitenwereld op te vangen.

We hadden wat babyvoeding en drinken in thermosflessen meegenomen, maar na enkele uren bleek alles bedorven te zijn.

De dag duurde lang. De avond en de daarop volgende nacht waren haast niet door te komen. Kinderen lagen op de banken en in de gangpaden. Soms kwam er een Jap om poolshoogte te nemen.

Het was een vreselijke nacht en een tocht waaraan geen einde scheen te komen.

De kinderen, die we eerst nog bezig hadden kunnen houden met spelletjes, werden moe en onrustig.

De volgende middag moesten we om twee uur klaarstaan om uit te stappen, maar het zou nog tot half vier duren voor het zover was. Kinderen met rugzakjes om, moeders beladen met allerlei spullen, kleine kinderen op de arm, huilende baby's. Soms was het alsof alles om en over me heen ging. Alsof ik een film zag afdraaien van iets waar ik niets mee te maken had.

Het transport werd voortgezet met vrachtwagens. Na een vermoeiende rit hielden we halt bij een somber gebouw.

Uitstappen, de poort door, weer in de rij voor registratie. Op de binnenplaats een onafzienbare menigte vrouwen, mager en hologig. Ik ontdekte bekenden, maar in de afgelopen maanden waren ze zo veranderd dat ik ze nauwelijks herkende.

Het gebouw, ontdekten we later, bleek een oud klooster te zijn. Min of meer ongevoelig voor de omgeving liepen we de lange gangen door en kregen een plaats toegewezen in een grote, halfdonkere zaal, waar alle ramen, of liever jaloezieën, waren gesloten. De weinige frisse lucht kwam uit enkele luchtroosters boven de ramen. Aan beide kanten van de zaal een lange, houten brits, ongeveer veertig centimeter hoog. Voor één persoon was er ruimte van vijfenvijftig centimeter, voor ons groepje dus zeven maal. De zaal moest worden gedeeld met ongeveer vijftig vrouwen en kinderen.

Te uitgeput om maar iets in ons op te nemen legden we de tikans (matten) neer en spanden de klamboes voor de kinderen. Versuft als ze waren ploften ze op de brits en vielen in slaap.

Na een onrustige nacht werden we wakker door een bel: 'water halen'. Een goede vriendin, die hier al maanden was, deed dit voor ons.

Om half acht klonk weer hetzelfde geluid, 'pap halen'. Blubbertjespap, een gerecht dat we later maar al te goed leerden kennen vanwege de rommel die erin zat, maar er was niets anders.

Voor elk kind hadden we een emaille bord meegenomen en een bekertje. Vier stevige pannen zaten in de koffer, plus een gehaktmolen! In de vrouwenwijk hadden ze me nogal uitgelachen, omdat ik 'mijn hele keukenuitrusting' meenam, maar wat waren we gelukkig met dit bezit, ook met het steelpannetje. Een theepot bezaten we niet. Ook een koffiepot ontbrak, maar een zeefje bleek goede diensten te kunnen bewijzen.

Als tante Lien of ik, vele maanden later, van de dokter 100 cc melk kregen, soms wel veertien dagen achter elkaar, holden we naar de keuken om het te koken. Met het koffie-extract, in het zeefje gezet, maakten we dan een heerlijke kop koffie. Eerst deelden we dat heel zusterlijk met elkaar, maar voor twee personen was het te weinig om het behoorlijk te kunnen proeven. Toen besloten we dat de een het voor de ander klaar zou maken, om dan meteen te verdwijnen.

Als we 's morgens vroeg water moesten halen en we zagen de lege boterblikken en de po's van sommige vrouwen, waar ze overdag pap en eten in haalden, dan prezen we ons gelukkig met het bezit van onze praktische pannen.

De dagen waren niet gemakkelijk door te komen en vermoeiender naarmate onze reserves slonken en we door het inferieure voedsel steeds slapper werden.

Om half vijf moesten we opstaan, water halen en daarna

kregen we de verplichte gymnastiek. Ochtendgymnastiek voor vierduizend vrouwen in de kloostertuin, in aanwezigheid van de Japanners. En dan te bedenken dat we als gevolg van suikergebrek bijna geen kracht meer hadden om onze armen omhoog te krijgen.

Toen we voor het eerst in de zaal kwamen was er een oorverdovend lawaai te horen. Alle vrouwen bleken bezig 'koffieklop' te maken. Het recept: men neme een ijzeren bord, ijzeren vork en één lepel koffie-extract en klopt dat net zo lang tot het een schuimige massa is. Duur van de bereiding ongeveer een half uur tot drie kwartier. Dan één theelepel suiker erdoor kloppen en het heerlijkste gerecht dat er in een Jappenkamp bestaat is klaar en vult de maag!

Stapelgek werden we van die hysterische vrouwen en tante Lien en ik besloten hier nooit aan te beginnen. Groentjes die we waren! Wat wisten wij er op dat moment nog van wat het betekende als je zo'n honger had? Wat begrepen wij, die nog betrekkelijk goed gevoed uit de vrouwenwijk waren gekomen, van deze behoefte? We zouden het gauw genoeg ontdekken.

Ook wij zaten al na een paar weken als bezetenen op een bord te slaan, om deze tractatie voor de kinderen klaar te maken.

Elsemiekje lag zonder enige bescherming op de brits. Gelukkig kregen we na enige tijd een wieg voor haar, blijkbaar ergens uit een goedang opgediept.

Een wieg in een klooster? Zou er hier ooit een non zijn geweest, die haar belofte van kuisheid had overtreden met alle gevolgen van dien? Wie zal het zeggen? In ieder geval was de wieg er en onze baby had een eigen bedje.

Na drie dagen zat ze onder de rode bulten en plekken. Wat bleek? Onderin de wieg wemelde het van de wandluizen! En daarmee was de ellende de zaal binnengehaald. Alle britsen en matrasjes zaten na een paar dagen vol. Alle vrouwen krabden zich en liepen met bulten. We wisten niets af van wandluizen en dachten eerst dat het onze-lieve-heers-beestjes waren, maar al gauw kregen we door dat dit beslist iets anders was. We drukten ze dood. Ze roken naar amandelolie. Dagelijks maakten we er jacht op en vingen ze, niet bij tientallen, maar bij honderdtallen. De klamboes, de touwen, de naden van de britsen, overal wemelde het ervan.

Alles went. Elke vrouw krabde drie weken en... werd er immuun voor. Er waren nog wel ergere dingen, bijvoorbeeld de grote spinnen, die van onder de britsen te voorschijn kwamen, de kakkerlakken en de ratten. Die joegen ons veel meer schrik aan.

Tussen de britsen stonden kleine nachtkastjes, tegen elkaar geschoven en gebruikt als tafel. Zorgvuldig bewaarden we daarin wat we nog aan levensmiddelen bezaten. Alles ging goed, tot we merkten, dat de suikervoorraad wel wat al te snel begon te slinken. Eén van de vrouwen tjoepte (gapte) 's nachts.

Het voedsel werd steeds minder. Voor de baby's was er twee maal per dag 100 cc melk. Voor onszelf en de grotere kinderen water voor thee of koffie (dat er af en toe was) en blubbertjespap. Die pap zag er waterig uit. Gemaakt van de een of andere onduidelijke meelsoort, die een substantie bevatte zoals na de oorlog bleek, die onze darmen langzaam vergiftigde. Dat wisten we toen nog niet. Het werkte zo goed, dat iedereen tien minuten na het eten ervan op een holletje naar het toilet ging. We hadden er vijf voor vierduizend vrouwen en kinderen en ze waren ruim honderd stappen van onze zaal verwijderd. Meermalen heb ik ze geteld. Gelukkig hadden we voor elk kind een po meegenomen, omdat we hen uit angst voor besmetting niet de openbare toiletten durfden te laten gebruiken.

Voor alles, letterlijk alles stonden we in de rij. Voor de was en een wasplaats wachtten we soms uren. Daarna werkten we ons corvee af: badkamers schrobben, gangen boenen, op het land werken of helpen bij het schoonmaken van groenten. Ook de tjaboet roempoet (gras tussen de stenen wegplukken) was er een onderdeel van, of stenen kloppen. Tijdens dat stenen kloppen droegen we eens mooie Franse hoeden, die iemand had meegenomen. Zes haveloze vrouwen op blote voeten, met een chique hoed op. De Jap was razend!

Eindeloos moest er op het eten worden gewacht, dat in grote drums werd gekookt. Was er eten, dan was er geen hout, was er wel hout dan was er geen eten.

De middagmaaltijd bestond uit een klein beetje rijst, met

daar overheen wat onbestemde nattigheid. 's Avonds kregen we soep, bestaande uit water met daarin wat harde oude koolbladeren. Daar moesten we het mee doen.

Op een dag maakte ik een bordje eten klaar voor één van de kinderen, keek even niet, en een muis at mee van de rijstkorrels!

Wasgoed drogen was een probleem apart. En dat met de hoeveelheid luiers die de jongste kinderen nog nodig hadden.

Op een keer kwam tante Lien doodmoe van de wasplaats terug. Tijden had ze moeten wachten op water, maar nu was ze dan toch eindelijk klaar. Alles werd opgehangen aan een waslijn tussen twee bomen, een mooi stuk snoer. Geen kwartier later lag al het schone goed in de modder en was de waslijn gestolen. Woest zou je ervan worden. Vooral als je daarbij bedacht in welke omstandigheden tante Lien die was had moeten doen. Als een razende furie rende ik het kamp door, kon de lijn eerst niet vinden, maar ontdekte hem tenslotte onder een stel dekens. Die legde ik op de emper (overdekte gang), hoewel ik ze met plezier in de modder zou hebben gegooid. Sindsdien stonden de kinderen op wacht en haalden we de lijn binnen als hij niet werd gebruikt.

Toen we bijna crepeerden van de honger kregen we in plaats van rijst djagoeng (mais). Welk ondervoed kind of welke vrouw met darmklachten kon dit nog verdragen? Maar het moest wel, want er was niets anders.

Welke goede genius heeft me ingefluisterd een gehaktmolen mee te nemen? Hoe was ik op het idee gekomen? Maar goed, hij was er, en dagenlang maalden alle vrouwen van de zaal ermee. Als je de mais enige dagen liet staan begon het te gisten en dat leverde dan de zo noodzakelijke vitaminen op. Helaas bleef er zo verschrikkelijk weinig over om te bewaren.

Op een keer werd het gebouw van boven tot onder doorzocht. Alle vrouwen en kinderen moesten 's morgens om vier uur aantreden in de tuin. Niets mocht worden meegenomen. De kinderen waren erg moeilijk wakker te krijgen. Eigenlijk was het nog maar half drie, omdat de Jap sinds de bezetting de klok anderhalf uur vooruit had gezet. Dat was Nippontijd en daar hadden wij ons maar bij aan te passen.

De tropennachten kunnen bijzonder koud zijn en al gauw

zaten we kleumend op de nog vochtige grond.

De soldaten stormden naar binnen, de zalen in. Alle koffers en tassen werden ondersteboven gekeerd. Het duurde allemaal verschrikkelijk lang.

Het werd zeven uur, acht uur, en we hadden niets te eten of te drinken. Waar werd toch op gewacht?

We moesten in rijen gaan staan. Voor ons liepen schildwachten heen en weer. Vierduizend vrouwen en kinderen moet je immers in bedwang houden?

Plotseling viel er iets uit een boom. Het werd doodstil. Alle ogen richtten zich op de schildwacht, die het pakje oppakte en er mee naar zijn superieur liep.

Hun argwaan was gewekt. In die boom bleken nog meer pakjes te hangen. Onder ademloze stilte werd uit allerlei hoekjes en gaatjes geld te voorschijn gehaald.

Nog stiller werd het toen de commandant arriveerde en de vraag stelde van wie dat geld was.

Niemand durfde iets te zeggen. Geld in bezit hebben was immers verboden.

Nog eens werd de vraag gesteld en nu dreigender.

Uit de voorste rijen trad opeens een magere, uitgemergelde vrouw naar voren. „Van mij!" klonk het heel nadrukkelijk.

Nu nog, na al die jaren, denk ik met veel bewondering terug aan deze dappere vrouw.

Onmiddellijk werd ze gevolgd door een tweede, een derde, tenslotte door tientallen.

We durfden nauwelijks adem te halen. Wat zou er gaan gebeuren?

De commandant bleef staan, keek lang naar de bewegingloze groep vrouwen en . . . verdween.

Ook dat was typisch de Jap. Tegen zoveel vrouwen tegelijk iets ondernemen was iets dat hij niet kon. De Jappen moeten eens gezegd hebben: „Als wij tegen de vrouwen hadden moeten vechten, zouden we zeker verloren hebben."

Terug naar de zaal, waar de chaos compleet was. Alles lag overhoop. Toch vonden we de bel die luidde voor 'pap halen' op dat moment veel belangrijker.

Het was inmiddels half tien.

Als ik zo enkele dingen vertel uit het kampleven, dan flitsen er allerlei beelden door mijn hoofd.

33

Appèl, twee maal per dag. Ik zie ons nog staan, iedere keer weer, met al die kleine kinderen, waarvan een aantal nog gedragen moest worden. Urenlang moesten we soms blijven staan, tot het de Jap beliefde inspectie te houden en we in het Japans geteld hadden. Niemand mocht immers ontbreken!

'Wat voerden jullie toch de hele dag uit in het kamp?' wilde iemand kort geleden van me weten.

Hoe kun je in een voor anderen logische volgorde het vele noemen?

Och ja, er waren ogenblikken van betrekkelijke rust en dan huisden we in de halfdonkere zaal op onze brits, met de klamboe opgeslagen. Een hutkoffer, een theedoek erover en het 'thuis' voor de kinderen is gecreëerd. Maar hoe vaak hebben we niet verzucht: „Hadden we maar een stoel met een leuning!" Geen van ons kende die weelde.

Marijcke, mijn oudste dochter, is een enorme steun voor me geweest met haar praktische zakelijkheid en gevoel voor humor. Ze was een echte kameraad voor me en hielp zoveel als ze maar kon, waste af, haalde water, spoelde luiers als dat nodig was, stond samen met Kees in de rij voor het eten. En dan te bedenken dat ze nog maar zeven jaar was! Wat heeft er een zware last gedrukt op die smalle schoudertjes. Soms viel ze fel uit: „Is die rotoorlog, die ròtoorlog dan nooit afgelopen? Ja, zeker als alle vaders dood zijn!"

Wat heb ik in die kampjaren me weinig gerealiseerd dat ze ook 'kind' was. Een klein meisje, dat in normale omstandigheden naar school zou zijn gegaan, zonder de zorgen voor twee kleine zusjes en een broertje te hoeven meedragen.

Met een schok kwam ik terug tot de werkelijkheid, toen tante Lien op een dag zei: „Je moet Marijcke wat meer aanhalen. Ze is nog zo klein en heeft het ook nodig!"

Was het dan zover met me gekomen in deze abnormale omstandigheden, dat ik de dingen niet meer in hun juiste proporties zag?

Ieder kind kwam tekort. Voor Elsemiekje had ik een ijzeren ledikantje gekregen, dat beter ontluisd kon worden dan de wieg. Elke morgen sjouwden we het de zaal door, vijf treden af, om haar buiten te zetten. Tijd om behoorlijk aandacht aan haar te besteden was er niet. Evenmin voor Dickie, die op de brits in het halfdonker met een autootje speelde en ondertussen wandluizen ving. En dan Hanneke, die op geen enkele manier te overreden was om naar de kleuterklas te gaan en tijden op de brits kon zitten, met grote heimwee-- ogen voor zich uit starend, proberend door de geblindeerde luiken iets te zien. Hoe vaak vroeg ze niet: „Mamma, wanneer komt vader toch?"

Bijna alle kinderen kregen mazelen en waren er doodziek van. Elsemiekje ontkwam eraan, was er misschien nog te jong voor.
De nachten waren erg onrustig. Bovendien moesten we om de drie of vier nachten twee uur fusimbang (brandwacht) lopen. Met z'n tweeën heen en weer slenteren, moe en ellendig na een zware dag met zieke kinderen. Zitten was verboden. Elk ogenblik kon je een Jap tegenkomen, die je dan in het Japans (voor zover mogelijk) verslag moest uitbrengen over het aantal zieken.
De tijden waren variërend van één tot drie, of van twee tot vier. Door de vele galsteenaanvallen viel ik nogal eens een keer uit. Een ander nam het dan van me over, maar later haalde ik het wel weer in.
Dan was er ook nog de 'dodenwacht'. In één van de goedangs stond een hoog, ijzeren ledikant, waarop de overledene lag opgebaard.
Eens had ik de wacht bij een zeer oude mevrouw, die in een zwarte, kanten avondjurk bewegingloos — uiteraard — lag dood te wezen.
Ik had haar gekend als een bijzonder geestige vrouw, een jodin. Nu lag ze daar onder een hel schijnende lamp. Twee vrouwen, elk aan een kant van het bed, als roerloze wachters. Zonder te spreken, zonder te bewegen, van twaalf tot zes uur. Dat was nu eenmaal Japanse adat. Doodop gingen we daarna weer aan onze dagtaak, die lang en zwaar voor ons lag. Maar een dodenwacht leverde tenminste een kop koffie op.
Of alles even ellendig en triest was? Och, welnee. Altijd was er nog wel dat sprankje humor dat naar boven kwam, toen nog wel.
's Zaterdagsavonds mochten alle kinderen in de zaal wat langer opblijven en zongen we liedjes. Ik herinner me, dat

'op een klein stationnetje' een van de meest geliefde was.
Van de verjaardag van ieder kind maakten tante Lien en ik
een feest, waar alle kinderen van de zaal aan meededen.
Voor de laatste verjaardag in Gedangan, het oude klooster,
maakten we een grote pudding van water en stijfsel. En voor
elk kind was er ook nog de weelde van een halve pepermunt!

De Japanners hielden varkens, die beter gehuisvest waren
dan wij en zeker beter voer kregen. Er was een hok voor ze
gemaakt, waarin zelfs tegels waren gelegd. De vrouwen die
voor deze beesten moesten zorgen, hadden het goed. Ze aten
mee uit de trog. Vaak heb ik daarbij aan de gelijkenis van de
verloren zoon moeten denken. Dat na een paar dagen de
mooie tegelvloer totaal vernield was, mocht de dieren niet
kwalijk worden genomen. Zo was nu eenmaal de aard van
het beestje!

Januari 1944 – plotseling vliegtuigen boven het kamp! Alles
was in rep en roer! Ze vlogen hoog, maar vanuit ons beperkte
gezichtsveld was het rood-wit-blauw toch zichtbaar. Na het
einde van de oorlog zou blijken, dat het verkenners waren.
De geruchten die soms doordrongen in ons isolement waren
schaars en zo ongeloofwaardig, dat we zelfs na zo'n 'hart
onder de riem' eenvoudig niet konden geloven in een spoedige bevrijding.
Het leven ging verder met de grauwe eentonigheid van elke
dag.
Een van de meest trieste gebeurtenissen was die van een jong
marinevrouwtje met twee kinderen. Alsof ze het nog niet
moeilijk genoeg had werd het jongste kind ziek en moest op
medisch advies in een ziekenhuis worden opgenomen, buiten het kamp. De moeder kreeg geen toestemming om mee te
gaan. Ze mocht het kind ook niet bezoeken, zelfs niet toen
het stervende was. Ze was ontroostbaar en probeerde door de
spleten van de luiken iets te ontwaren van het dode kind, dat
langs het kamp werd weggedragen om te worden begraven.
Het was hartverscheurend.
Hoe kun je woorden van troost vinden bij zo'n bodemloos
verdriet?
Ik kon me alleen maar de hunkering indenken, om het kleine

lijfje in haar armen te houden, de handjes en de voetjes te koesteren, tot het ogenblik waarop de Heer het in Zijn barmhartigheid van haar overnam.

Tante Lien gaf, voor zover dat tenminste mogelijk was, les aan Kees en Marijcke. Het hield ze in ieder geval bezig en het verbrak de sleur van elke dag.
Meestal had tante Lien dan al een dag van hard werken achter de rug. Toch bracht ze het op en presteerde het zelfs om regelmatig voor te lezen. Nu is dat niet ieders werk, maar tante Lien kon voorlezen op een manier dat je het voor je ogen zag gebeuren. Ze toverde de kinderen een andere wereld voor, een wereld die totaal verschilde van die waarin ze nu leefden. Het was erg belangrijk voor hen, dat ze daar althans een voorstelling van kregen.
Tante Lien en ik hadden erg veel aan elkaar. Onze 'antennes' waren afgestemd op dezelfde golflengte. We konden samen hopen en verwachten, niet alleen op een betere wereld als deze oorlog voorbij zou zijn, maar ook op een nieuwe hemel en een nieuwe aarde, waarop gerechtigheid wonen zal, wetend dat eens Gods Rijk komt. Het gaf ons beiden de kracht om vol te houden.

Elsemiekje was een schat van een baby, die al pogingen in het werk stelde om te gaan staan. Na verloop van tijd kreeg ik een wagentje voor haar, waardoor onze bewegingsvrijheid iets werd verruimd.
Wat de kinderen zo de hele dag uitvoerden kan ik me niet meer herinneren. We hadden zo weinig tijd voor hen en ze konden nergens heen.
Vooral de regenperiode, die van de kloostertuin een modderpoel maakte, was vreselijk. Maar ook die tijd kwamen we door.
In de zaal kon je na donker helemaal niets meer beginnen. De enige verlichting kwam van een lampje van 25 Watt. Na negen uur 's avonds ging ook dat uit.

De Japanners waren erg listig in het uitdenken van kleine pesterijen, waarmee ze de Hollandse vrouwen wel dachten klein te krijgen.

Een nieuwe taak werd ons opgedragen: handschoenen knippen. Je handen gingen kapot van de schaar en de ruwe stof.

Toen nestelgaatjes in soldatenpetjes maken. Wat hebben we die petjes vervloekt als we ze inleverden en ze keer op keer werden afgekeurd: „Overdoen!". Tenslotte deden we er niets meer aan en gaven ze zogenaamd verbeterd terug.

Op een keer was er, heel laat in de avond, grote onrust in het kamp. Er zou iemand ontvlucht zijn, dus . . . appèl!

Het was bijna niet mogelijk de kinderen, tot de jongste toe, wakker te maken. En het was nog moeilijker ze, staande op appèl, wakker te houden. Het duurde eindeloos voor we weg mochten.

Is het wonder, dat we door dit soort incidenten overspannen moeders en kinderen kregen? De Japanners kenden allerlei trucjes om dit te bereiken.

Er waren maar weinig dagen die rustig verliepen.

Het brengen van de voorgeschreven groet aan de Jappen was een ellende apart, temeer omdat geen enkel excuus geaccepteerd werd wanneer daarbij iets mis ging of niet voldoende eerbied betoond werd.

Het is me meer dan eens gebeurd, dat ik, als ik uit de keuken kwam waar ik met moeite de melk voor de baby had opgewarmd en tegelijk wat kokend water had bemachtigd, de bekende waarschuwingskreet 'kiotské' hoorde, het bewijs dat een Jap in aantocht was. Dan was het zaak je pannetje gauw op de grond te zetten en in deemoedige houding te gaan staan, met gebogen hoofd. Als het goed ging hoorde je dan 'kèré' en tot slot van de ceremonie 'naoré'.

Soms ontmoette je tijdens de tocht van de keuken naar de zaal meer dan één Jap en telkens voltrok zich hetzelfde ritueel. Elke keer weer kwakte je je pannetje tegen de grond en nam de voorgeschreven houding aan.

'Kiotské' was voor iedereen een uitstekend waarschuwingssignaal als je dingen deed die verboden waren; overdag even liggen bijvoorbeeld.

Kerkdiensten waren taboe. We moesten elke zondagmorgen alle matten en bultzakken naar buiten brengen en de britsen schoonmaken.

38

Het hielp weinig, want we werden toch al bijna weggedragen door de wandluizen.
We ontdekten, dat er twee soorten waren, blonde en zwarte. De blonde huisden in de koffers en tussen de kleren en waren minder bloeddorstig dan de zwarten. De laatsten leefden van ons bloed!

Sint Nicolaas kwam in zicht en we zongen met de kinderen de bekende liedjes.
Schoenen opzetten was er niet bij, dat was nu eenmaal een sprookje uit een andere wereld. We hadden immers niets meer. Als er al een schepje suiker was, dan zou het binnen vijf minuten opgegeten zijn door de mieren!
Toch besloten we 5 december te vieren. We trokken lootjes en iedereen uit de zaal zou zorgen voor één pakje.
Wat kan een mens, die niets meer bezit, vindingrijk en creatief worden!
Er heerste een geheimzinnige sfeer en de meest leuke, originele cadeautjes kwamen te voorschijn.

Kerstfeest naderde.
De adventsweken waren vrijwel ongemerkt aan ons voorbijgegaan. Alle dagen waren van een zo eentonige, niettemin inspannende sleur, zo'n 'struggle for life', dat zelfs de gedachte aan Kerstfeest ver weg scheen. Waar lag nog de verbinding tussen onze werkelijkheid en dit vroeger zo blijde feest? Wat was ons geestelijk leven verschraald in de afgelopen tijd. Al onze aandacht en energie hadden we nodig om onze kinderen in leven te houden. Menig gebed om dit te mogen volbrengen werd woordeloos opgezonden, want er was nooit een moment van stilte, van inkeer, van jezelf zijn.
Maar Gods werkelijkheid was er, ook in deze dagen. Het licht van het Kind in de kribbe bereikte ook ons donker kamp.
In al die maanden hadden we geen enkele kerkdienst meegemaakt. Zelfs het gemeenschappelijk bidden van het Onze Vader was verboden.
Iemand uit de zaal stelde voor om dan maar clandestien Kerstfeest te vieren.
Dankbaar ging ik op deze suggestie in.

Met een korte meditatie en het samen zingen van de bekende liederen vierden we toch ons Kerstfeest. Het lied van de Mensenzoon heeft geklonken, gezongen door vrouwen, elk met een eigen achtergrond en geloofsovertuiging, die zich voor één ogenblik uitgetild voelden boven de grauwe ellende van elke dag.

Tante Lien was in die dagen voor een poosje opgenomen in de 'kapel', die voor 'herstellenden' was ingericht. Ingericht, nou ja, er stond een rij bedden, meer niet.

Ook in de kapel vierden we Kerstfeest en beleefden we met elkaar iets van dat blijde gebeuren, dat ons moed gaf om verder te gaan.

Nog lang is het licht van Bethlehem blijven stralen over ons leven, ook toen de Kerstdagen al lang voorbij waren.

Kinderen en volwassenen leden aan zo'n hevige vorm van buikloop, dat we soms ten einde raad waren. Vele malen per dag moesten de potjes worden geleegd.

Er was geen dokter meer in het kamp. We vroegen ons dan ook wanhopig af hoe het verder moest, tot op een avond plotseling dokter Jo Hörchner voor me stond.

Ze was even tevoren aangekomen, had mijn naam op de lijst gelezen en kwam meteen naar me toe. Ik kende haar nog uit mijn meisjestijd en het was fijn haar weer te zien. Haar aanwezigheid alleen al, haar belangstelling voor onze zieken, haar zorg voor de stervenden, vormde voor ons in de volgende weken een grote steun en geruststelling.

Na enige weken knapten de meeste kinderen wat op, maar onze Dickie bleef doodziek. Hij werd opgenomen, en dagen lang leefde ik tussen hoop en vrees. Iedere dag, elke nacht kon het einde worden verwacht. Ik ging slapen met de gedachte: straks zullen ze me roepen en dan is het ogenblik daar, dat ik een tweede kind moet afstaan!

Wanhopig heeft men in het ziekenzaaltje gevochten voor zijn leven. En met succes! Dickie bleef leven, al was het gevaar voor de dood nog zo reëel aanwezig, dat het dagen zou duren voor we zelfs maar mochten hopen op herstel.

Elke dag weer kwam ik enkele malen op de ziekenzaal met wat extra voedsel.

Na enige tijd stond hij al rechtop in zijn bedje te wachten tot hij me zag. Hij was zo uitgeteerd en mager, dat het griezelig was om aan te zien. Een heel dun nekje droeg een veel te groot hoofd. We waren vaak bang dat dit dunne steeltje het gewicht niet zou kunnen dragen.

Hij had een grenzeloze energie en at letterlijk alles wat hem werd voorgezet. Overigens was dat niet zoveel, maar de wil om te leven was zo sterk, dat dit een van de factoren moet zijn geweest, die bijdroegen tot zijn genezing.

Naast hem lag een jongetje van vijf jaar, minder ziek dan hij, een apathisch kind dat niet meer wilde leven en het daarom ook niet haalde . . .

Als ik terugdenk aan deze weken van hoop en vrees, van angst en spanning, vraag ik me af waar ik de geestelijke kracht vandaan heb gehaald dit door te maken. Ella'tjes ziekte, haar heengaan, het kleine grafje, ik zag het allemaal weer voor me, beleefde alle angst opnieuw.

Maar dezelfde God van toen was er ook nu en Hij liet me dit kind behouden, dat nu al twee maal een gevecht had geleverd op leven en dood.

Waarom kwam hij er wel door en anderen niet? Waarom stierven zoveel kinderen waar ook voor gebeden was? Ik zal het nooit weten. Wel ben ik ervan overtuigd, dat al die kinderen bij God geborgen zijn.

Tante Lien was als een tweede moeder voor Marijcke, Hanneke en Elsemiekje. Ook in die weken heeft ze hen opgevangen als altijd.

Kees en mijn kinderen vormden voor haar één geheel en stilzwijgend wisten we van elkaar, dat als één van ons beiden het niet zou halen, de ander vanzelfsprekend de moedertaak zou overnemen.

Er bekruipt me altijd weer een schuldgevoel als ik er aan denk hoe vaak ik de kinderen alleen heb moeten laten, als ik in de ziekenzaal was of te moe om ook maar iets te doen.

Ze waren lusteloos. Er was zo weinig suiker en voedsel en ze hadden zo'n honger.

Kees zag er ellendig uit. In de koffer had ik nog een autootje, zuinig bewaard voor als de oorlog voorbij zou zijn. Ik diepte het op en gaf het aan Kees. Wat was dat joch daar gelukkig mee. Dit nieuwe autootje opende nieuwe perspectieven. Hij fleurde helemaal op, bedacht van alles en speelde er dagen mee.

Kleine Marijcke kon het opeens niet meer aan. Een paar dagen tevoren had ze nog gezegd: „Als mama of tante Lien doodgaan moet ik voor de kinderen zorgen!" Al haar veerkracht was verdwenen. Ze werd triest, deed het werk wat ze anders ook deed, maar zonder energie en zonder humor.

Jo Hörchner stelde voor haar een paar dagen op te nemen. Dan kreeg ze tenminste iets meer te eten.

Het werd geen succes. Als een gevangene zat ze stilletjes op het voeteneinde van haar bed. Ze verging van heimwee en wilde 'naar huis'.

Na een paar dagen haalde ik een kwetsbaar, klein meisje terug. Zo lang had ze groot moeten zijn en nu kon ze het niet meer.

Gelukkig fleurde ze weer op. Haar natuur verloochende zich niet en na enige tijd droeg ze de zorgen weer dapper mee.

KAMP HALMAHEIRA

Opeens was daar weer het gevreesde woord 'transport'. Het hele kamp zou ontruimd worden. Was het waar, was het niet waar? Dagen van spanning. Waar gingen we heen?
Intussen kwam er bericht dat alle doktersvrouwen naar haar man mochten. We moesten ons opgeven.
Het feest ging echter niet door.
Eigenlijk was ik daar blij om, want wat werd er niet gesold met mensen. Als ik naar het kamp gestuurd werd waar Dick volgens de Jap zou zitten, zou ik hem dan werkelijk aantreffen? Dokter Jo Hörchner bijvoorbeeld was na zes weken bij ons te zijn geweest, van de ene dag op de andere weer naar een ander kamp gestuurd. Ze werd vervangen door dokter Annie de Jonge, even toegewijd, met als assistente mevrouw Beelaerts van Blokland, een verpleegster.
Na de oorlog vertelde Dick dat hij in zijn kamp een mevrouw Keijzer (met eij) op zijn dak kreeg. Het was de Jap bijna niet aan het verstand te brengen dat dit niet zijn eigen vrouw was.
Het transportgerucht bleek op waarheid te berusten. Een deel van de vrouwen werd weggevoerd, met voor ons onbekende bestemming.
Toen kwam de rest aan de beurt. Koortsachtig begonnen we te pakken. De kinderen werden nog onrustiger dan ze al waren.
's Nachts om één uur moesten we aan de kant van de weg klaar staan.
Samen met een andere 'sterke' vrouw sleepte ik alle hutkoffers de trap af.
De kinderen die op de planken lagen te slapen maakten we pas op het laatste moment wakker. Even later stonden we samen met hen aan de kant van de weg. Ze beseften nauwelijks wat er aan de hand was en de meesten sliepen op de grond gewoon door.
Het wagentje maakte met zijn ijzeren wielen een oorverdovend lawaai, want de rubber banden waren allang gesloopt. Ik was echter nog steeds erg gelukkig met dit vervoermiddel, want het scheelde een stuk met het meesjouwen van kinderen en bagage.

Boven op het koffertje met belangrijke documenten zaten Dickie, die nu al drie was, en Elsemiekje van anderhalf. Van één uur 's nachts tot de volgende middag vier uur hebben ze er in doorgebracht.

Om half drie kwam de stoet in beweging. Kees, Marijcke en Hanneke, met moeite ontwaakt, liepen mee, net als alle andere kinderen. Ik duwde het wagentje.

Mijn kleding bestond uit een kampblouse en rok, beide met grote zakken. Een deel van de bagage zat in een grote rugzak, die aan twee riemen hing die over mijn schouders waren gegespt. Aan de ene riem hing bovendien een kussensloop met een po erin, aan de andere onze kostbare thermosfles gevuld met koffie. Als een soort kussen hing de opgerolde klamboe onder de rugzak.

Verder ging het, omringd en begeleid door Japanse soldaten. Door het schudden vloog opeens de kurk van de thermosfles. De beker die er overheen hoorde te zitten was al lang ter ziele. Snel wilde ik bukken om deze kostbare stop op te rapen, maar de punt van een bajonet tegen mijn rug belette dit.

In de stille tropennacht liepen we verder, niet wetend waar we komen zouden. Urenlang liepen we door de uitgestorven stad.

De kinderen hadden weinig belangstelling voor de ontwakende stad, die nieuw voor hen was, maar die hun niet interesseerde.

Tegen half zeven Nippontijd week het donker van de nacht voor de eerste lichtschemering. De kinderen zwegen, uitgeput als ze waren van deze ellendige nacht en de honger. Hun zwijgen was hartbrekend en ontroerend.

Eens een uitroep van Hanneke, wijzend naar een klein Javaans meisje: „Wat gaat daar een klein mevrouwtje!"

Ik had een beetje djagoeng (mais) bewaard van de vorige dag. Af en toe aten we een paar korrels van dit 'kippevoer'.

Tegen acht uur zagen we in de verte gedek (een schutting van rietmatten) en toen we dichterbij kwamen een poort, die werd geopend. Dit was dan ons nieuwe kamp.

Bij de ingang stonden naast de Japanners enkele doktoren en verpleegsters om onze zieken op te vangen. Een vriendin van mij uit Soerabaja, dokter Rotie Samkalden, was er ook bij.

44

Met haar had ik in betere tijden eens de lange tocht gemaakt naar Ranoe Pani, een bergdorp op de helling van de Semeroe, 2200 meter hoog. In een flits zag ik ons samen met enkele koelies door het Bromo-bos lopen. Het was een stille avond, de oostindische kers bloeide. Het ging langs de rand van de zandzee, waar we na een uur of vijf, vanaf Tosari, aankwamen bij de pensionboerderij van Gisius. Op dit moment kon ik me eigenlijk niet meer voorstellen dat we dit echt beleefd hadden.

Nog staat daar de Semeroe in al zijn onwrikbaarheid en onaantastbaarheid, nog bloeiende bloemen, nog is er die serene rust, maar Gisius' boerderij ligt verlaten en de eigenaar, een forse Geldersman met een imposante baard, is niet langer de gastheer bij de open haard. Als een gekooide leeuw werd hij opgesloten in een van de vele mannenkampen. Later hoorde ik dat hij daar is omgekomen.

Ranoe Pani is het heerlijkste oord dat ik ken. Nog zie ik het voor me: het roerloze groenblauwe bergmeertje, waarlangs kleine orchideetjes groeiden. Waren ergens elders zulke grote pollen vergeetmijnietjes, slaapmutsjes en wilde rozen? Ze schenen als met kwistige hand te zijn uitgestrooid over dit, voor mijn besef, schoonste stukje van Gods schepping. Nog moet het er liggen, dromerig en ongerept.

Ranoe Pani, dat in een fractie van een seconde misschien, mij zo helder en duidelijk voor de geest had gestaan, week terug. Ik keek in de grauwe werkelijkheid van een nieuw kamp, vreemd en vijandig.

Rotie Samkalden had ik in geen jaren gezien. Ze herkende me echter meteen en kwam op me af. „Jettie, jij hier!" En met een verbijsterde blik op het kleine grut: „Hoeveel kinderen heb je in deze jaren geproduceerd?"

Lang praten was er niet bij. We schoven door naar het grote grasveld, waar alle barang door elkaar lag. Eerst moesten alle koffers doorzocht worden, voor we een verblijfplaats toegewezen kregen.

Als ik me realiseer, hoe gemakkelijk de kinderen waren, dan kan ik dat alleen maar zien als hulp van de Heer, die ons in zoveel moeilijke omstandigheden nabij is geweest.

Om vier uur stonden we met de bijna verhongerde kinderen weer in de rij om ons nieuwe tempatje (onderkomen) te zien.

Het werd een kleine ruimte van drie bij drieënhalve meter, het binnenste kamertje van een klein huisje, waarin we met vijfenveertig mensen moesten leven.

Van die middag herinner ik me niet meer zoveel. We spanden meteen de klamboe, zodat de kinderen tenminste konden gaan slapen. Daarna terug naar het grasveld, waar we zo goed en zo kwaad als dat ging onze verspreid liggende spullen bij elkaar zochten. De Jappen hadden de koffers zo grondig doorzocht, dat alles her en der verspreid lag en er veel weg bleek te zijn. Hoe kon het ook anders?

Het samen leven in dit kleine huisje was bijzonder moeilijk. Waar eens de deuren zaten waren nu de door niets afgescheiden toegangen tot de andere kamertjes, die ook door zeven à acht vrouwen werden bewoond. De goedangs in de bijgebouwen zaten ook vol en omdat er geen andere doorgang was moest iedereen van voor naar achter en omgekeerd, door onze ruimte. Ook 's nachts natuurlijk, als we met z'n zevenen, later met zijn achten, op de grond lagen.

Na enige dagen kreeg ik van iemand een soort bedje voor Elsemiekje, maar ze moest telkens bevrijd worden als haar beentjes tussen de spijlen zaten omdat ze er eigenlijk niet in paste.

Vlak boven haar hoofd hing het enige lichtpunt dat er was, ook hier, een lampje van 25 Watt. Het bleef tot 's avonds negen uur branden.

's Nachts was het aardedonker, vooral als de maan niet scheen en er geen enkel licht van buiten doordrong. Vaak zat ik midden in de nacht recht overeind te hijgen van benauwdheid, om deze vreselijke engte. Heeft mijn angst voor besloten ruimten daaraan zijn ontstaan te danken?

De kongsi (groep) in huis was niet bijzonder prettig. Enkele argwanende, nieuwsgierige vrouwen, die niets te doen hadden, zorgden dikwijls voor een gespannen sfeer.

Bij het huisje hoorde een badkamer, maar de kraan werkte niet. Het toilet was verstopt en liep later over, evenals de openbare toiletten.

Naast ons zat een Hongaarse gravin met een paar vervelende, verwende kinderen. Mevrouw de gravin stond tweemaal per dag spiernaakt achter het huis onder de kraan, in de hoop dat er een klein straaltje water uit zou komen. Ze was nu eenmaal gewend om twee keer per dag te baden . . . Nou, wij ook! Dat iedereen langs haar heen liep interesseerde haar niet.

Soms zat ze in een kinderbadje in haar kamertje.

Was er in ons vorige kamp geen privacy, hier nog minder. Bovendien verdroeg men elkaar veel minder, vergeleek de porties eten, of de een soms iets meer had dan de ander. In de zaal van Gedangan kwam dit niet voor. De sfeer is daar altijd goed geweest en gebleven.

Op een dag kregen we twee eieren, te verdelen over vijfenveertig mensen. Tante Lien en ik kregen die vererende taak opgedragen. We besloten in de keuken te vragen of ze gekookt mochten worden. Daarna maakten we ze heel fijn en toen bleek er voor ieder een half theelepeltje te zijn. Al die vrouwen drongen zich om ons heen, met argusogen toeziend of het wel eerlijk ging!

We hadden hier nog meer last van wandluizen dan in Gedangan. Uit letterlijk elk gaatje van de muur kropen ze.

Voor tante Lien was dit kamp erger dan het vorige, omdat haar conditie steeds slechter werd. Voor mij was het in zekere zin een bevrijding, want de huizen lagen aan een paar straten, zodat je als je naar buiten ging de lucht tenminste zag. In de besloten kloostertuin met de dichtbebladerde bomen was die nauwelijks zichtbaar geweest.

Vaak liep ik met de kinderen in het wagentje door de straten en voelde dan iets van de beklemming van het dichtbevolkte huisje van me afvallen. Meestal kwamen we langs het ziekenhuis, waar steeds meer en vaker de overledenen lagen opgestapeld. Voor één lijk reed de wagen het kamp niet uit! Marijcke praatte druk. Hanneke zei zachtjes: ,,Stil, hier liggen dooie mensen!" ,,Die horen toch niks," was het lakonieke commentaar.

Werden de kinderen zo, dat ze de ellende, die met de dag erger werd, niet meer in zich konden opnemen? Hadden ze dat eigenlijk ooit gekund?

In het begin van onze periode in dit kamp had ik de vrouw van oom Henk teruggevonden, samen met haar vier kinderen. Ze zag er slecht uit en miste alle levensmoed. Was dat eenmaal het geval, dan wist je dat zo iemand ten dode was opgeschreven. Niet lang daarna werd ze ziek. Ik werd erbij geroepen, omdat ik haar goed kende. Ze lag in het ziekenhuisje en was al buiten bewustzijn toen ik bij haar kwam. Haar schoonzusje en ik hebben nog enkele uren bij haar gewaakt, toen kwam het einde. We waren er kapot van. Hoe kwam het, dat ze de spirit om te leven niet meer kon opbrengen, niet meer vocht tegen een alles verlammende apathie? Veel vrouwen waren als zij en gaven de moed op.

Het is moeilijk te beschrijven wat we de hele dag deden. Vrouwen die kleine kinderen hadden of ziek waren hoefden niet op het land te werken. Er waren hier ook geen grote badkamers of lange kloostergangen te boenen. We hadden een zekere mate van vrijheid.

Soms waren er bepaalde karweitjes op te knappen, waarvoor je werd aangewezen, of die je vrijwillig deed.

Enige tijd heb ik met mijn blote handen beerputten moeten leeghalen. Eens samen met een non. De mouwen van haar habijt waren daarna niet erg fris meer! Soms zaten we er tot onze oksels in. Later deed ik het samen met een generaalsvrouw. Ze zal nooit gedroomd hebben zoiets nog eens te moeten doen. Het was een leuke vrouw. We zagen de humor van de zaak meestal wel in en hadden veel plezier. Ze had een schortje voor waarop een waslijntje met hemdjes, broekjes en dergelijke stond afgebeeld. „De beerput ontbreekt er nog aan!" zei ik. „Die komt nog," lachte ze.

Op een dag werd er een grote hond in het kamp gesignaleerd. „Die leeft niet lang," constateerden we. We hebben het beest inderdaad nooit weer gezien. Wel kregen we de volgende dag iets onbekends te eten, dat we 'hondentjah' noemden. Er zat een heel klein beetje vlees en vettigheid in. Eén hond voor vier à vijfduizend vrouwen is nu niet bepaald iets om je aan te vereten!

Toen werd er geen eten meer verstrekt en moesten we zelf brood gaan bakken. Bakken was het eigenlijk niet. Het deeg dat we zelf moesten kneden werd gekookt in havermoutblikken, waarvan de oorspronkelijke inhoud al lang op was. 's Morgens moesten we het deeg kneden in onze beperkte ruimte, dan naar de keuken brengen en het 's avonds, soms pas tegen negen uur, ophalen.

En dan kreeg je het beeld van duwende vrouwen, die allemaal onder het enige lampje probeerden te komen en die met het nodige commentaar het kleffe brood uit de blikken haalden. Dat gaf dan een onsmakelijk smakkend geluid. Alles gebeurde dan ook nog vlak boven het bedje van Elsemiekje!

De kinderen liepen maar wat rond. Ik probeerde Hanneke in een leuk kleuterklasje te krijgen, op het kruispunt van een paar straten. Ze deed met de spelletjes mee zolang ik er bij stond. Ging ik weg, dan was ze even later achter me aan. „Maar je vindt het toch leuk met al die kindertjes?" vroeg ik. „Ja, maar als ik terugkom, ben jij er misschien ook niet meer en dan heb ik geen mamma meer!" Het begrip 'vader' kwam, naarmate de oorlog langer duurde, steeds verder van haar af te staan.

Marijcke werd cynisch en verbitterd en viel soms driftig uit. Dickie was lichamelijk aardig goed, maar bleef last houden van buikloop. Elsemiekje groeide niet, werd onrustig en steeds meer nerveus in het overvolle huis met de vele kwetterende stemmen.

We konden het nauwelijks meer aan en tante Lien en ik hadden al vaak tegen elkaar gezegd: „Nu kan het niet meer erger worden!" Telkens bleek het echter nog erger te kunnen. Ons incasseringsvermogen bleek groter te zijn dan we dachten.

In het begin van ons verblijf in dit 'Halmaheira-kamp' mochten we nog een paar keer een kerkdienst houden, maar dat werd al gauw verboden. We hadden het gevoel geestelijk kapot te gaan als dit nog langer zou duren.

Dagelijks keken we naar het grote, zwarte bord midden in het kamp en lazen daar de namen van de vrouwen, die de afgelopen nacht waren overleden. Die lijst werd elke dag langer . . .

Een nieuw transport kwam binnen, waarbij ik een vriendin uit Solo ontdekte. Voor al die mensen moest in de huizen weer een plaats worden ingeruimd. Het was ontzettend, zo'n groep, vaak moeilijk lopend vanwege het hongeroedeem, te zien binnenkomen. De ogen van de kinderen hadden iets zo gelatens, dat je hart ervan brak. Dat we er zelf ook zo aan toe waren beseften we niet.

We probeerden de vriendin koffie te brengen, terwijl ze nog meeliep in de lange stoet. Later vonden we haar in het huisje waar ze was ondergebracht, samen met iemand uit de zending, tante Auk. Deze had enige jaren onder Javaanse vrouwen en meisjes gewerkt. Wij hadden haar nog niet eerder ontmoet.

Na enige dagen kwam ze op bezoek in ons donkere verblijf en vond het geen doen, met al die kinderen op de grond. Ze verdween en kwam de volgende dag terug met planken en spijkers die ze ergens getjoept had. Handig timmerde ze een bed in elkaar, waarop drie kinderen konden liggen. De volgende morgen bleken de kinderen er alle drie te zijn afgerold en stonden met de armen over elkaar voorover tegen het bed geleund te slapen als paarden bij de ruif. Op den duur raakten ze er wel aan gewend.

Op een avond kwam tante Auk bij ons binnen. De kinderen sliepen onder de klamboe, tante Lien en ik zaten naast elkaar op de grond.

Ze had een dagboekje bij zich. ,,Zullen we samen wat lezen?'' vroeg ze simpelweg. Ze las temidden van het gegons van zoveel vrouwenstemmen en allerlei geluiden. ,,Zullen we dat in het vervolg elke avond doen, al is het maar tien minuten?'' In het rumoer van het donkere huis, met al die mensen, voltrok zich na enige tijd een wonder. Er werd geluisterd door vele vrouwen.

,,Kende u deze dames eigenlijk al?'' vroegen ze tante Auk.

,,Nee, maar ik hérkende ze!'' was het antwoord.

Dat was het geweldige van het kampleven, dat je telkens geloofsgenoten ontdekte, waarschijnlijk uit verschillende kerken. Werd hier iets zichtbaar van de oecumene? Alleen het geloof in en de verbondenheid met Jezus Christus, de levende Heer, was de basis waarop wij elkaar vonden.

Het kwartiertje met tante Auk in de donkere avonden aan het einde van een lange dag, hielpen ons de laatste maanden door te komen. We waren zo leeg geworden van binnen, dat de zo bekende woorden uit het Evangelie een nieuwe betekenis voor ons kregen, een nieuwe dimensie toevoegden aan ons bestaan. We wisten van de verborgen omgang met God, maar ik denk, dat er meer gebeden is tijdens een appèl, bij het staan in de rij, of als we de luiers spoelden, dan knielend met gevouwen handen. Het was onmogelijk je te concentreren, waar dan ook, op een ontmoeting met God, maar Hij

50

ontmoette ons in eenzame nachten, bij dreigend gevaar, of door voor onszelf de woorden te herhalen, de beloften die Hij eens gaf en waarmaakte in ons leven. Zijn nabijheid was er altijd, zelfs in de hachelijkste ogenblikken.

Elke dag weer lazen we de namen van hen wier leven onderging in deze laatste maanden voor de bevrijding. Van het capituleren van Japan in augustus wisten wij toen nog niets. Er sijpelde geen enkel bericht door. De humor in het kamp was verdwenen. Als een computer registreerden we de namen van de vele vrouwen die op het bord stonden.

Waren we zo hard geworden, zo zakelijk, dat het ons niets meer deed? Ik denk het niet. Ik denk, dat we in onze strijd om te overleven niets meer in ons op konden nemen.

Er stierf een vrouw vlak bij ons. Ik kende haar nauwelijks. Ze liet me roepen en op een afstand rook ik de lucht, die onmiskenbaar een koperkleurige, dunne ontlasting aangaf en in de meeste gevallen het symptoom was van het einde.

Ze lag in een heel kleine goedang, de doodkist werd deze ruimte, wrang genoeg, genoemd. Onafgebroken keek ze me aan en volgde al mijn bewegingen. Het maakte me onrustig. In haar blik was iets van de naderende dood, hoewel ze volkomen bij kennis was.

Op mijn vraag wat ik voor haar kon doen, haalde ze van onder haar nachthemd een klein pakje te voorschijn. Het bevatte sleutels, o.a. van haar juwelenkoffertje, plus het adres van haar zuster in Holland, waar dit heen moest. Alle kleren en de klamboe waren voor mij. Haar ogen sloten zich en ik had geen enkel contact meer met haar.

Ik ging weg met het juwelenkoffertje en waarschuwde het ziekenhuisje. Enkele uren later stierf ze.

De koffers gingen naar het kantoor van de Jap, geheel volgens in dergelijke gevallen geldende voorschriften. Er zaten nog wat wollen Hollandse jurken in en een lange, rode broek. Natuurlijk had ik alles eruit kunnen halen, maar wat moest ik met die dingen?

Alleen de lange broek nam ik mee, legde die een uur of twaalf in de felle tropenzon in de hoop dat dan de bacteriën wel dood zouden zijn. Zeep om te wassen hadden we al lang niet meer.

De klamboe, die ik zo goed had kunnen gebruiken omdat de

mijne versleten was, vond ik dermate vies dat ik, om besmettingsgevaar te voorkomen, deze samen met de bultzak verbrandde.

Het juwelenkoffertje bevatte niets, maar ik meende dat eventuele kostbaarheden wel in de voering zouden zitten. Toen we maanden later, tijdens de revolutiedagen, overhaast werden geëvacueerd, maakten we de voering open. Er was niets anders in te vinden dan een waardeloos kettinkje, geen kostbaarheden. Het bleek een waandenkbeeld te zijn geweest, zoals zoveel stervenden dat in die tijd hadden. Ze dacht een schat te bezitten, die in werkelijkheid nooit bestaan had.

De lange broek werd in gebruik genomen door tante Lien, die het constant koud had. Zij en Kees waren er nog steeds ellendig aan toe.

In de kamer naast ons lag een oude dame. Lopen kon ze nauwelijks meer. Ze was erg aardig voor de kinderen. Op een dag wilde ze hen haar laatste pepermuntje geven en diepte dit op uit een grote, glazen stopfles, waarvan we elke dag zagen dat ze er in defaeceerde en de inhoud 's morgens buiten in de selokan (goot) leegde. Overdag werd er dan pap en eten in gehaald. Ontsteld zag ik gebeuren dat de kinderen de tractatie aannamen en in hun mond staken. Kon ik het verhinderen? Zijn er beschermengelen, die in zulke gevallen over kinderen waken? Het incident had geen gevolgen!

Een paar dagen later kwam Marijcke, die vroeg op was, met de mededeling: „Mevrouw Jansen ligt zo raar. Ze is vast dood, want ze beweegt helemaal niet!" Arme oma Jansen, ze was gestorven, eenzaam en alleen in de laatste nacht van haar leven — als zo velen — en ook haar naam stond 's morgens op het zwarte bord . . .

We kregen weer mais. Elke dag draaide de gehaktmolen, maar onze ondervoede kinderen konden het nauwelijks meer verdragen. Eén blik gort bezaten we nog, maar het moest lang weken en waar moesten we het koken? Tante Lien probeerde het toch voor Kees, die niets meer wilde eten. Het was niet gaar te krijgen en Kees noch de andere kinderen konden het verwerken.

De buikloop nam steeds ergere vormen aan. De lucht van de

koperkleurige ontlasting was in sommige huizen niet meer te harden.

De openbare toiletten stroomden over, tot plotseling een geweldige klap werd gehoord. De septic tank had het begeven ... Het was een verschrikkelijke vieze troep en de lucht was onvoorstelbaar.

's Middags ging de poort open en reed een groot gevaarte ons kamp binnen. „De poepauto!" schreeuwden alle kinderen, alsof ze dagelijks zo'n auto zagen, die de hele rommel begon weg te zuigen. Een evenement voor de kinderen, die nooit iets beleefden!

Een meisje naast ons ving elke dag grote, grijze padden, die ze onder onze ogen vilde. Wij hebben daar nooit de moed toe gehad en vonden het altijd weer even griezelig. Hoe ze verder werden klaargemaakt voor consumptie is iets waar ik nooit achtergekomen ben. Koffiedik aten we, op theebladeren kauwden we, maar deze glibberbeesten ... nee!

De dagen en weken gleden voorbij.

Soms stond een vrouw twee dagen en nachten met haar armen aan het hek bij de poort gebonden om de een of andere overtreding die ze begaan had. Ze kreeg dan eten noch drinken. Ook werden vrouwen opgesloten in een donkere, afgesloten ruimte, waar ze drie dagen moesten blijven. Niet iedere vrouw die dit onderging overleefde het ...

Soms staken geruchten de kop op dat Japan gecapituleerd zou hebben, maar we hadden zo langzamerhand geleerd hier weinig geloof aan te hechten. Wel waren we er nog altijd van overtuigd dat de geallieerden het zouden winnen en we eenmaal het einde van de oorlog zouden meemaken. Als we het tenminste met onze kinderen zouden halen. Diep in ons hart wisten we dat het niet lang meer kon duren.

Op een nacht werd ik ziek, gepaard gaande met hoge koorts. Alles wees op malaria tropica. Tante Lien haalde er een verpleegster bij. Het enige wat ik nog aan obat bezat was kinine.

De temperatuur liep op tot 41 graden. Ik slikte de pillen, maar de oorarts in Holland zou me later vertellen dat dit middel verkeerd was geweest en het de gehoorzenuwen had aangetast. Maar in die nacht wist ik maar al te goed dat het bij malaria tropica vaak erop of eronder ging en mijn conditie was bepaald niet al te goed! Deze bijwerking van kinine kende ik niet. Overigens had ik weinig keus. Ik wilde vooral om de kinderen blijven leven en ik hoopte innig mijn man, van wie ik twee jaar lang niets gehoord had, terug te zien.

De pillen hielpen, de koorts zakte en na enige dagen was ik, zij het slap en ellendig, weer op de been. Eigenlijk was het de enige keer in deze jaren dat ik echt ziek ben geweest.

In een huis naast het onze lag de vrouw van een collega van mijn man doodziek. Haar drie jonge kinderen werden door anderen verzorgd. We gingen er telkens heen en zagen haar dagelijks minder worden. Nog hoor ik haar zeggen in Gedangan, waar ze een van de bewoonsters was van onze donkere zaal: „Ik heb geen enkele pretentie, als ik er met mijn kinderen maar levend uit mag komen en mijn man terugzie!"

DE CAPITULATIE VAN JAPAN

De geruchten over de capitulatie van Japan werden sterker. Was er iets van waar? We durfden het niet meer te geloven. Toch wezen enkele, nauwelijks waarneembare, veranderingen bij de Jappen in die richting.

Op een middag om één uur cirkelden plotseling enkele vliegtuigen boven het kamp. „Rood-wit-blauw!" schreeuwden de vrouwen die buiten waren.

Tante Lien en ik waren bezig in ons 'hol' en keken elkaar aan. „Nee, dat kan toch niet? We geloven het niet! Het is vast weer een streek van de Jap!"

De voortekenen waren er eigenlijk wel geweest. De laatste dagen hadden we iets meer te eten gekregen, maar dat hoefde nog geen bewijs voor het einde van de oorlog te zijn.

Het motorgeronk hield aan, vrouwen en kinderen juichten en er kwamen geen Jappen om het te beletten.

Toen zagen wij ze ook, ongelovig nog, verbijsterd. Opeens klonk ons volkslied, kwamen de vlaggen te voorschijn. Het was zeker een half uur lang groot feest.

Ik was teruggegaan naar mijn zieke buurvrouw, die stervend was. „Ik hoor ze juichen. Is de oorlog nu echt voorbij? Voor . . . mij . . . te . . . laat . . ." Haar stem zakte weg, ze was onbereikbaar geworden.

Hoe lang ik bij haar heb gezeten weet ik niet. Met ontzetting zag ik hoe de mieren al bezit van haar lichaam namen nog voor het einde daar was. Zonder tot bewustzijn te zijn gekomen stierf ze.

Enige tijd later ging ik verslagen terug. Loes Parlevliet . . . Ze had gehoopt, verwacht. Ze had de vreugdeklanken gehoord, terwijl de dood naderbij kwam. Drie moederloze kinderen bleven achter. Floortje van zeven zag ik in de late middag op een steen zitten, vlakbij de kleine goedang waar zijn moeder was uitgedragen. Een klein, eenzaam jongetje . . .

Wat moest hij aan met deze leegte, met dit grote verdriet, met dit gemis aan moederzorg, moederwarmte? Het beeld van dit verlaten kind heb ik nooit meer uit mijn gedachten kunnen bannen.

Het besef de oorlog is voorbij, was een wonderlijke gewaarwording.

Honderden vrouwen verdrongen zich bij het gedek, waar een levendige ruilhandel met inheemse koopvrouwen ontstond. Ook stonden veel Indische Nederlanders klaar, die hulp boden aan bekenden in het kamp. Hulp in de vorm van kleding, eten en huisvesting.

We ontdekten mevrouw Angenent, de moeder van Beppie, die in 1942 bij ons in Soerabaja in huis was. Ze bracht bouillon, biscuit en licht verteerbaar voedsel. Als doktersvrouw begreep ze maar al te goed, dat we, ondervoed als we waren, niets konden beginnen met zware kost. Wat waren we blij met haar hulp. Toch waren de kinderen te moe, te verslapt eigenlijk en zo gewend aan te weinig eten, om er werkelijk van te smullen. We kregen elke dag iets anders, maar nog steeds licht verteerbare spijzen.

De Jap verstrekte meteen meer rijst en per persoon 5 eieren, wat voor ons vijfendertig eieren per dag inhield! Het was veel meer dan we ooit opkonden. We gaven ze dan ook voor een groot deel weg, of ruilden ze voor iets anders.

Menigeen kon de verleiding niet weerstaan veel te vet vlees te eten. Enkele vrouwen verdroegen dit niet en betaalden daarvoor met hun leven.

Grote hoeveelheden rijst werden uitgedeeld. We spaarden het op en gaven het door aan mevrouw Angenent.

Ondanks de betere voeding, die overigens maar slecht door de kinderen verdragen werd, was de situatie in het kamp verre van rooskleurig.

Gedurende de eerste dagen, die eigenlijk nog zo verschrikkelijk onwezenlijk waren, zeiden we telkens tegen elkaar: „Nu wordt alles goed! De oorlog is voorbij! Straks komen onze mannen terug en beginnen we opnieuw!"

De mannen terug? Waren we daar zo zeker van? In deze jaren hadden we tweemaal een briefkaart ontvangen, waarop een voorgeschreven standaardtekst was geschreven en bovendien maanden tevoren was gedateerd ...

De mannen waren in onze gedachten naar de achtergrond gedrongen in de harde, bittere strijd om te overleven. Veel kinderen wisten niet eens meer wat een man, een pappa was ...

In de eerste paar dagen kwamen veel berichten door van het Rode Kruis, en over menig vrouwenleven viel een donkere schaduw, wanneer ze de tijding van het overlijden van haar man vernam. Ook tante Sarien hoorde tot degenen wier hoop en verwachting ongegrond bleken te zijn.

Waren ónze mannen nog in leven? We bouwden luchtkastelen van een betere toekomst, maar op de achtergrond was de groeiende onzekerheid.

Zo we al meenden dat de bevrijding uit het kamp een kwestie van enkele dagen was, dan vergisten we ons deerlijk en bleek het alleen maar een wensdroom.

Eén of twee Nederlandse officieren waren gekomen om de leiding over te nemen. Schepen met Nederlandse militairen en mariniers lagen voor de kust, maar de mannen mochten niet aan wal komen. De Engelsen waren er nog niet.

Onze bewaking bestond enkel uit Japanners, die weliswaar niets meer te zeggen hadden, maar ook niets meer deden. En dat terwijl door de Japanners opgeleide en opgehitste pemoeda's het kamp met argusogen in de gaten hielden en ons vijandig gezind waren. Velen van hen waren onze bewakers geweest.

Na een paar dagen kwam er een order: ,,Overal lichten aan. De pemoeda's willen het kamp overvallen. Er kan gerampast (geroofd) worden." We bleven de hele nacht waakzaam, maar het heeft zich, naar ik meen, beperkt tot vlakbij het gedek, waar de huizen vlak naast stonden.

Weer verliep dag na dag en er gebeurde niets. Men had ons gevraagd rustig te blijven tot de Nederlanders of de Engelsen de hele leiding zouden overnemen. De Nederlanders mochten echter niet te hulp komen, de Engelsen waren er nog steeds niet.

Op een dag ruilden we wat textiel voor een levende kip, tuker menuker (ruilen en inruilen), dus gelijk oversteken. Ik hield het beest bij zijn poten vast en zette het achter het huis onder een soort omgekeerde mand. Na een kwartier: weg kip!

Ik holde het kamp door, vond hem terug en zette hem dit keer in verzekerde bewaring. 's Middags zou een moedige vrouw hem de nek afsnijden, op voorwaarde dat zij het bloed mocht hebben. Zelf durfden we dat niet aan, maar ik moest het beest wel vasthouden! Het was afschuwelijk. Ze deed het vakkundig, dacht ik, maar ik heb er niet naar gekeken. We trokken er een heerlijke bouillon van. Het was een taai beest, maar dat deerde ons niet.

Later kregen we een stuk van een boomstam te pakken en het lukte ons die aan een kant brandende te krijgen. Zittend op het stammetje bakten we pannekoeken achter het huis. Hoe we aan meel en boter zijn gekomen is me tot nog toe een raadsel, maar het was er!

Toch was ook dit voor de kinderen allesbehalve een feest. Ze aten er nauwelijks van. Ze waren te apathisch, te moe, te uitgeput om ook maar ergens van te genieten.

Tante Lien en ik hadden nog geen enkel bericht over onze mannen ontvangen. We concludeerden daaruit, dat ze nog wel in leven zouden zijn. Maar hoe was hun gezondheid en in welk kamp zouden ze zitten?

We mochten het kamp niet uit, maar niemand trok zich daar ook maar iets van aan. Om de beurt zouden we naar de familie Angenent gaan. Zomaar naar buiten, onvoorstelbaar heerlijk!

Ik charterde een betjah (driewielige fiets), door een Javaan bestuurd en reed naar het huis van dokter Angenent, waar ik hartelijk werd ontvangen. Dat ik een half versleten jurk aan had, piekharen had en afgetrapte schoenen droeg was geen bezwaar.

Dokter Angenent had als Indisch arts tijdens de oorlogsjaren steeds kunnen werken. Ik keek rond. Ja, in zo'n huis hadden wij ook eens gewoond en het schone bed waarin ik 's middags lag herinnerde me aan vroegere tijden. Wat leek het allemaal lang geleden!

Ik kreeg de boterham met kaas, waarnaar ik zo verlangd had. Hoe vaak had ik niet, wild van de honger, gezegd: ,,Ik wou, dat ik nog eens één keer in een familiepension op de Veluwe zat, met een boterham met kaas!'' Dat laatste stond nu voor me, het familiepension kwam eerst jaren later.

Het middagmaal, het zitten aan een gedekte tafel, was voor mijn besef een zo grote luxe, dat ik nauwelijks kon begrijpen dat dit nog bestond.

Toen de schotels me voor de tweede maal werden aangereikt zei ik aarzelend: „Mag het nog? Ik heb zo'n verschrikkelijke honger!"

Het was toen al weken na de bevrijding, maar ik herinner me, dat ik op een nacht ben opgestaan, drie eieren at en een bord rijst met vijf scheppen suiker en . . . 's morgens opstond met honger!

Beladen met brood en lekkernijen voor de kinderen ging ik terug naar het kamp.

De volgende dag beleefde tante Lien dezelfde sensatie van een keurig gedekte tafel, een verrukkelijke maaltijd, de siësta op een helder wit laken.

Toen ik wist in welk kamp ze was zocht ik ook tante Sarien op. Het bericht van de dood van haar man had mij bereikt. Wat zeggen woorden in zulke situaties?

Ik had hem zo goed gekend en in mijn herinnering stond duidelijk het laatste gesprek, dat ik met hem had. Hij sprak over Pasen en Opstanding, over de blijdschap en het geloof in de opgestane Heer.

Ik dacht toen: Wat is hij vér. Het is alsof hij al dicht bij de hemel staat en zich voorbereidt op de ontmoeting met zijn God!

Dat gesprek vond plaats vóór zijn internering. Was er toen al iets te bespeuren van een vroege dood, een zo subtiele aan-wijzing dat het nauwelijks opviel? Hij ging de weg die God hem wees, door de plaats in te nemen van een ander, die een gezin met kinderen had. Met een groep medegevangenen vertrok hij naar Timor. De zware arbeid in de haven, de uitputting en de honger heeft hij niet overleefd.

Is het dan toch zo, dat soms lang van tevoren iets merkbaar is, herkenbaar als een signaal, dat God bezig is een mens voor te bereiden op het einde en hem klaar maakt voor de eeuwigheid?

En nu stond ik dan bij tante Sarien. Vóór haar lag de weg die ze voortaan alleen zou moeten gaan. Eén van de vele vrou-wen, wier leven alle glans scheen verloren te hebben.

Ze was verdrietig, maar zo moedig als ik zelden iemand heb gezien en dat terwijl de slag zo hard was aangekomen.

En ik, die danken kon voor het eerste levensteken van Dick

en om het behoud van de kinderen? De tegenstelling was zo groot. Het onvoorstelbare leed van de één, de dank voor de bewaring van de ander. Hier kon ik niet alleen de gebeurtenissen registreren, zoals ik in het deze jaren gedaan had. Het was alsof plotseling het pantser om mijn hart, dat me een zekere bescherming geboden had tegen al te grote emoties, van me afviel. Ik stond weer kwetsbaar en open voor het verdriet van de ander en kon toch niet veel zeggen, niet verwoorden wat er aan gevoelens in me leefde.

Er is een grens, tot waar je nood en ellende, verdriet en gemis in je kunt opnemen. Nu werd die grens echter overschreden. De dood van oom Albert raakte me zo diep, omdat hij en tante Sarien zoveel hadden betekend in mijn leven.

Als een teken van hoop heb ik later van nabij meegemaakt hoe tante Sarien een andere weg insloeg, blijmoedig een nieuw spoor volgde en een taak opnam in dienst van haar Heer. Maar wie peilt de bittere strijd en de vele eenzame uren van twijfel, wanneer de opgenomen taak teveel lijkt te zijn voor één mens en er geen respons is?

Hoeveel mannen en vrouwen delen met haar dezelfde strijd?

De brief die ik van Dick kreeg sprak van verlangen, van verwachting, van hoop op een spoedige hereniging met zijn gezin, van opbouw in een tot rust gekomen wereld na deze vreselijke oorlog, van hoop op een betere toekomst.

Weinig konden we vermoeden, dat we nog eens door een periode van dreiging en doodsangst heen moesten.

Voorlopig leefden we nog maar op brieven.

Het werd met de dag moeilijker om buiten het kamp te komen, omdat de bevolking steeds vijandiger werd. We wisten nog zo weinig van hun felle strijd om de vrijheid.

De familie Angenent had ons logies aangeboden. Tante Lien en Kees waren er het slechtst aan toe, dus voor hen was het het meest noodzakelijk weg te gaan. Ze werden, samen met Dickie en Elsemiekje, gastvrij ontvangen. Later zou ik volgen met Marijcke en Hanneke, maar de Engelse en Nederlandse bezetting bleef uit, de kampen waren nog bevolkt en we stonden nog altijd alleen maar onder passieve Japanse bewaking. Ik had geen rust meer en bracht Marijcke en Hanneke ook naar de Angenents en keerde terug om bij mijn weinige bezittingen te blijven, tot er een mogelijkheid kwam om ook te vertrekken.

De tweede brief van Dick kwam in de periode dat ik alleen was en ik las hem ademloos door. Zijn internering had hem van het ene kamp naar het andere geleid. Vanaf 2 oktober 1943 zat hij met tachtig andere mannen in een kleine afdeling van de elektrische zagerij in de gevangenis van Soerabaja, onder ellendige omstandigheden. Een ernstige bacillaire dysenterie overleefde hij. Elke avond klonk het gezang van deze mannen voor hun vrouwen, waarin ze hun verlangen en heimwee vertolkten. In januari 1944 kwamen Nederlandse vliegtuigen boven Soerabaja en strooiden pamfletten uit. In allerijl werd de hele mannengemeenschap naar het 15e Bataljon in Bandoeng afgevoerd, waar al 40.000 krijgsgevangenen waren ondergebracht. Hoewel er veel bekenden waren, was het een afschuwelijke periode.

WEERZIEN

Over het algemeen was een mannenkamp een trieste zaak. We hadden het meegemaakt in Gedangan, waar een transport van zestig mannen ons vrouwenkamp binnenkwam. Ze kregen een barak toegewezen, maar de één na de ander kwijnde weg, zag de zin van zijn bestaan niet meer in, vervuilde en gaf het op. Alleen de sterken wonnen het in deze wedloop met de dood.

Een vrouw komt in een kamp terecht en heeft vaak kinderen die haar stimuleren. Zelfs op de kale planken vormt ze iets eigens, een soort rustpunt voor hen, hoe armzalig ook.

Toen na een maand of drie de commandant van dat grote kamp in Bandoeng vroeg, wie zich voor speciale taken wilde opgeven, was Dick één van de dertien artsen, die zich meldden. Hij werd naar het grote vrouwenkamp Tjihapit, ook in Bandoeng, gestuurd en dat werd zijn redding. Weliswaar beschikte hij niet over veel medicijnen, maar hij kon tenminste iets zijn voor de vele moeders. Voor de kinderen fungeerde hij als 'pappie dokter'.

De vele zieke kinderen, het appèl dat ze op hem deden, verhinderde hem al te nostalgisch bezig te zijn met de gedachte aan zijn eigen kinderen.

Later hoorde ik van veel vrouwen hoe hij hun tot grote steun was in de dertien maanden dat hij in Tjihapit werkte.

Op 5 mei 1945 liep een non door zijn kamp met een bos oranje bloemen in de hand en een bloem prijkend op haar habijt. Het was niet moeilijk daaruit een conclusie te trekken: Nederland was vrij, het vaderland, óns vaderland!

Of de Jap de bloemen heeft opgemerkt? Zeker is, dat hij wist van de capitulatie van Duitsland en niet minder zeker moet hij ervan zijn geweest dat dit bericht in het kamp was doorgedrongen. In ons Halmaheira-kamp op Midden-Java hebben we het niet geweten.

Onberekenbaar als de Jap was, werd Dick plotseling overgeplaatst naar Tjideng, een grote vrouwenwijk in Batavia. Hij werkte er maar kort.

De volgende standplaats was St. Vincentius, een tot ziekenhuis ingericht gebouw, dat eens fungeerde als opvoedings-internaat. Het was het voorportaal van de dood, het meest troosteloze verblijf dat je je maar denken kunt. Van de patiënten in de zaal die hij te behandelen kreeg stierf tweederde binnen een maand. En telkens kwamen uit alle omliggende kampen nieuwe patiënten, opgeschreven om hier te sterven. Dick heeft met alle anderen op 15 augustus de capitulatie van Japan aangehoord. De voeding werd daarna beter, maar voor de meesten in dit trieste ziekenhuis kwam de bevrijding te laat. Er waren geen medicijnen. Alleen de aanwezigheid van een arts begeleidde hen vaak in hun laatste uren.

Ondanks het feit dat de Jap in feite niets meer te zeggen had, moest Dick nog eenmaal verhuizen, deze keer naar het Sint Carolusziekenhuis. Het sterftecijfer was hier lager. Het zou zijn laatste standplaats worden in Batavia.

Ongeveer drie weken later hoorde hij dat professor De Haas, die ergens in een kamp op Midden-Java werkte, plotseling naar West-Java was vertrokken. Bovendien was op dat moment in Batavia een behoorlijk aantal artsen werkzaam, waaronder zeven kinderartsen. Mijn man voelde zich dan ook volkomen gerechtigd naar ons toe te komen.

Maar nu kwam het probleem aan de orde op welke manier dat zou kunnen. Hij ging naar het kantoor van het Rode Kruis en legde daar zijn problemen voor.

Daar had men volledig begrip voor zijn plannen. ,,Accoord!" kreeg hij te horen. ,,Als u tenminste bereid bent een grote hoeveelheid instrumenten en medicamenten mee te nemen en af te leveren bij het Rode Kruis in Semarang."

De volgende dag stond een Australisch oorlogsvliegtuig startklaar. De passagiers, een Nederlandse marineofficier en enkele Australiërs zaten, omgeven door de nodige barang, op de vloer van het toestel. Enige tijd later landden ze op het kleine burgervliegveld van Semarang.

De Nederlandse commandant requireerde een auto en gaf de Japanners, die voor bewaking aanwezig waren, opdracht alle barang uit het vliegtuig te halen en in de auto over te laden. De rollen waren omgekeerd: de meester werd knecht. Alle eeuwen door zal deze tegenstelling blijven bestaan: overwinnaar — overwonnene. Maar hoeveel waren er niet, die in de oorlog alleen maar hun plicht deden, pion waren op het grote schaakbord dat wereldgebeuren heet?

De Nederlandse marineofficier was ook op zoek naar zijn vrouw en kinderen. Hij wist alleen nog niet en waar ze te vinden. Dick reed samen met hem naar het Rode Kruis te Semarang, leverde de medicamenten af en informeerde waar het Halmaheira-kamp lag.

Allereerst reden ze naar het huis van de familie Angenent. „Waar is mamma?" was zijn eerste vraag, nadat hij de kinderen had gezien. Dickie herkende hem niet. Elsemiekje gilde – ze moest niets van die vreemde man hebben. Marijcke en Hanneke vlogen op hem af. „Vader!"

Samen gingen ze op zoek naar het Halmaheira-kamp en kwamen even later het huisje, waar ik nu de kleine ruimte voor mij alleen had, binnenhollen met de kreet: „Vader is teruggekomen!"

Ik rende naar buiten en toen was het moment daar dat we elkaar na deze nachtmerrie van angst, hoop, twijfel en spanning weer terugvonden! We hadden elkaar weer!

We zaten op de koffers, dankbaar, gelukkig, bevrijd, in blijde verwondering, even volkomen vrij van alle verschrikking.

Flauwe contouren van een nieuw perspectief tekenden zich in onze gedachten af: weer werken in het land dat we zo lief hadden en dat ons tweede vaderland was geworden. We konden het nauwelijks bevatten.

Een vriendin kwam binnen. Ze wist niet, dat Dick er was en vertrok al gauw weer. Even later kwam ze terug met koffie.

Dick stond daarna nog voor de zware taak om menige vrouw de dood van haar man mee te delen, bij wiens levenseinde hij aanwezig was geweest.

Vreugde en hereniging – het was niet onverdeeld en ging hand in hand met vervlogen hoop en de uitzichtloosheid van de ander. Veel vrouwen hadden ook hun kinderen nog niet terug, de jongetjes van tien jaar en ouder, die in 1944 waren weggehaald door de Jappen om in een 'jongenskamp' te worden ondergebracht.

Hoe goed herinner ik mij die zware dag, de radeloosheid van de moeders, die soms twee of drie kinderen zagen wegvoeren. De angst om wat gebeuren ging, het hartverscheurend huilen van zoveel kleine kereltjes.

Soms vonden ze hun vader terug. Achteraf gezien hebben sommigen het nog niet zo slecht gehad, maar dat hoorden we pas na de oorlog. Voor jongens die zo gelukkig waren bij hun vader te komen was het draaglijk, maar hoeveel kinderen zullen zich eenzaam en verlaten hebben gevoeld? Wat was er een pijn, wat werd er veel geleden, wat was er veel onzekerheid. Je kwam er niet los van, het bleef je bij en raakte de kern van je bestaan. Ieder van ons had toch geleefd met een eigen toekomstbeeld, een eigen verwachtingspatroon? Hoeveel geluk was vernietigd, hoeveel toekomstdromen als een zeepbel uiteen gespat?

Ik keerde terug tot de werkelijkheid: Marijcke en Hanneke kwamen weer binnen.
Onderweg naar het kamp had Hanneke al gevraagd: ,,Vader, kreeg jij ook blubbertjespap?"
Gelukkig hoorde de blubbertjespap nu tot het verleden, al zouden de gevolgen van deze, de darmen aantastende substantie, velen nog jaren doen lijden aan pijn, buikloop en ernstige chronische afwijkingen.

Wat gingen we doen? Dick kon niet in het kamp blijven en wilde mij niet meer achterlaten.
Hoe we diezelfde middag nog iemand gevonden hebben, die onze koffers wilde vervoeren en hoe we met ons vieren bij de familie Angenent zijn gekomen, weet ik niet meer. Het moet gebeurd zijn met twee sado's (vierwielige wagentjes).
Wel kan ik me herinneren dat we hartelijk werden verwelkomd, compleet met onze barang, klamboes en wandluizen! Nog altijd begrijp ik niet dat mevrouw Angenent niet huiverig was voor onze 'landverhuizerstroep'. Als ze dit al was, liet ze het niet merken.
We waren niet de enige gasten. In het geheel logeerden in dit gastvrije huis tweeëntwintig mannen, vrouwen en kinderen, die regelrecht uit de kampen waren gekomen. Natuurlijk moesten de echtparen gescheiden slapen, mannen bij mannen, vrouwen en kinderen bij elkaar. Anders was het niet mogelijk zoveel mensen te herbergen. We waren bijzonder dankbaar voor dit onderdak, voor een echt bed, voor de hartelijke ontvangst.

Elsemiekje was totaal overstuur, krijste en gilde als er een man in de buurt van de box kwam. Ze kon nog niet lopen, ook al was ze ruim twee jaar.

De dag na onze komst in huize Angenent moest Dick naar het Rode Kruis. Er waren doktoren te weinig in Semarang en natuurlijk stemde hij toe, toen hem gevraagd werd als Rapwi-arts (Rehabilitation Allied Prisoners of War and Internees) te fungeren.

Hij moest spreekuur houden in een kamer van een groepspraktijkhuis. Naast, en behorend bij dat huis, stond een klein paviljoen met twee kamers, een kleine pantri en een badkamer. De meubilering was erg sober, geen bedden, alleen een paar onderzoektafels en enige stoelen.

Omdat we geen vervoer hadden en het praktijkhuis nogal ver van het huis van de Angenents af lag, werd ons dit paviljoen aangeboden.

Het was een onvoorstelbare weelde hier samen met de kinderen voorlopig te mogen wonen. De rust, de heerlijke grote tuin, de geur van de tropische plantengroei, ons zo bekend en dierbaar, het was zo overweldigend dat we het nauwelijks konden verwerken.

Dick hield spreekuur, ik deed buiten de was, de kinderen leefden op in deze vrijheid.

Mevrouw Angenent had beloofd voor warm eten te zorgen. Twee dagen duurde dit sprookje. De derde dag, om een uur of vier, zouden Marijcke en Hanneke de pannetjes terugbrengen naar mevrouw Angenent. Dick en ik zaten met de kleintjes in alle rust buiten, toen plotseling vlak bij ons een groep pemoeda's een Indo begonnen te molesteren en zijn auto te vernielen. In een paar minuten liep het uit tot een ware rel.

„De kinderen zijn nog niet terug!" zeiden we tegelijk.

Dick rende weg om ze te zoeken, maar voor hij de grote tuin uit was kwamen ze samen aan, de pannetjes tussen hen in.

Marijcke vertelde: „We konden niet bij mevrouw Angenent komen. Er waren zoveel mensen en ze deden zo boos! Ze hadden lange stokken en ik vroeg aan een meneer of we er door mochten, maar hij gaf geen antwoord . . ." Ze struikelde bijna over haar woorden.

Verslagen keken we elkaar aan. De droom was uit . . .

66

Dankbaar dat hen niets was overkomen gingen we het paviljoen binnen. We trachtten de van streek geraakte kinderen te kalmeren, maar de angst had opnieuw bezit van hen genomen. Hadden we dan toch de dreiging onderschat? Of was het gebeurde alleen maar een incident? Of... zou er nog meer volgen?

Het was inmiddels donker geworden, maar we durfden geen licht te maken.

Het paviljoen lag nogal geïsoleerd en in het praktijkhuis woonde alleen maar één dame. In het donker kwam ze naar ons toe en vroeg ons die nacht bij haar boven te komen. Ze had een paar bedden ter beschikking.

Dankbaar namen we het aanbod aan. Met de twee kleintjes op de arm, Marijcke en Hanneke dicht bij ons, slopen we omzichtig aan de achterkant langs een brandladder omhoog. Buiten bleef het onrustig. Af en toe viel er een schot.

We legden de kinderen op bed en bleven zelf op.

Op de onrustige nacht volgde een rustige morgen. De zon scheen, de vogels zongen, de bloemen bloeiden. Was het een boze nachtmerrie geweest?

We gingen terug naar het paviljoen, dronken koffie, ontbeten en Dick begon om half acht zijn spreekuur.

Na een uurtje zag ik Beppie Angenent aankomen, samen met een vriend, een Indische jongen.

„Kom binnen, dan maak ik koffie," zei ik, terwijl ik op hen toeliep. Ik vertelde hun over de onrust van de vorige avond, de niet teruggebrachte pannetjes.

„Luister!" zei ik plotseling. Op enige afstand klonk geschreeuw van veel stemmen. Opnieuw een rel?

Het rumoer hield aan, kwam zelfs dichterbij. Toen ik naar buiten keek stonden er honderden pemoeda's bij de ingang van de tuin.

We sloten alle luiken en wachtten in angstige spanning af. Ze kwamen het erf op en in een ogenblik was het paviljoen omsingeld en werd er gebonkt op luiken en deuren. Ik probeerde de kinderen gerust te stellen, maar moest wel reageren op het bevel: „Boeka, pintoe!" (Open die deur!)

Een vijandig uitziende, Nederlands sprekende commandant, die zijn volgelingen behoorlijk in bedwang hield, zei bars: „U bent verdacht!"

„Verdacht?" vroeg ik. „Waarvan?"
„Begrijpt u dat dan niet? U verbergt iemand!"
Niets vermoedend antwoordde ik, zo rustig mogelijk, ondanks de vele ogen die op me gericht waren: „Ik verberg niemand, kijkt u maar rond!"
De ban was gebroken. De horde stortte naar binnen en sleepte de Indische jongen naar buiten.
„Daarom bent u verdacht, begrijpt u het nu?" beet de commandant van deze opgejuinde, tot haat opgezweepte troep mij toe.
„Nee," zei ik eerlijk. „Ik ben me er niet van bewust iets gedaan te hebben, dat niet goed is!"
De troep drong op. Het gesprek duurde hen te lang en bovendien verstonden ze het niet. Ze hadden de kamers overhoop gehaald, de kinderen naar buiten gestuurd, samen met Beppie. Nog steeds werden ze in bedwang gehouden, maar hun bamboe roentjings (bamboestokken met scherpe punten) wezen naar me en spraken een duidelijke taal.
Op de een of andere manier kwam ik buiten bij de dodelijk verschrikte kinderen. „Dickie, waar is Dickie?" In doodsangst keek ik rond. Uiteindelijk vond ik hem tussen de rebellen.
Maar waar was mijn man? Hij hield toch spreekuur, op tien passen afstand? Waarom kwam hij niet?
„Toean dokter soeda mati," hoorde ik mompelen, „dokter is in de stad vermoord!" Ontsteld en verlamd van schrik stond ik daar, met alle vier kinderen tegen me aan gedrukt, temidden van de woedende menigte.
Marijcke keek op: „Mama, moeten we dood?" En na een ogenblik van stilte: „Ik wil wel doodgeschoten worden, als ik eerst nog maar een keer naar ons eigen huis mag in Soerabaja!"
Over alle kampen en ellende greep ze terug naar het eigen huis in het Scheepmakerspark, waar vader was, de schommel, de autoped, alle voor haar zo dierbare herinneringen.
Plotseling week de mensenmassa uiteen. Een auto kwam in razende vaart het erf op. Er sprong iemand uit, zocht mij onder de weer opdringende pemoeda's, sloeg zijn arm om mij en de kinderen heen. „Gauw, kom mee!" En voor ik het besefte zaten we in de auto.

Het was dokter Bonne, die ik in Bali had leren kennen. Bij het Rode Kruis, waar hij werkte, was bericht binnengekomen dat ik in nood verkeerde en hij was meteen in de auto gestapt.

„Waar is mijn man, wat is er gebeurd?" vroeg ik, in hevige onrust.

„Stil maar, dat komt straks wel!" Deze woorden waren nog maar nauwelijks gesproken, of een tweede auto kwam het erf op, waar mijn man in bleek te zitten.

Dokter Bonne wisselde een paar woorden met hem en reed snel weg.

Wat was er eigenlijk gebeurd? Ik hoorde het van Dick, die een half uur later arriveerde in Hotel du Pavillon, waar dokter Bonne me had gebracht.

Hij was aan het spreekuur houden, toen een andere arts hem vroeg even mee te gaan naar het Rode Kruis-ziekenhuis St. Elisabeth. Dick wilde mij waarschuwen, dat hij even weg moest, maar zag me niet buiten. „Och, we zijn zo terug," stelde dokter Neuberger hem gerust. Samen reden ze naar het ziekenhuis op Tjandi, een hooggelegen gedeelte van Semarang.

Ze waren nog niet klaar, toen Dick plotseling zei: „Ik ga terug, nu meteen, er gebeurt iets!"

Zijn collega vond het onzin, ergerde zich en zei: „Nog even, we zijn zo klaar!"

„Nee, ik ga nu! Mijn vrouw en kinderen zijn in gevaar!"

Dit soort dingen heeft hij vaker in zijn leven gehad. Een sterk voorgevoel waarschuwde hem, dat er iets aan de hand was. Hij negeerde het signaal niet, nam de auto en reed in grote vaart terug naar het praktijkhuis.

Na ons vertrek met dokter Bonne was hij achtergebleven. Geïntimideerd door de doktersauto was de commandant van de pemoeda's, die deze nog steeds onder controle hield, bereid met hem te spreken.

„Heeft u wapens?

„Ik ben arts en heb nog nooit een wapen bezeten. Zoek alle koffers maar na!"

Het paviljoen werd door de commandant afgesloten. Hij zou waken over onze barang en gaf hiervan een schriftelijke verklaring. Om twee uur zou Dick alles komen ophalen. De man hield woord en prompt om twee uur werd het paviljoen geopend.

„Wilt u de koffers nog nazien, of er iets gestolen is?"

„Nee," zei Dick, „ik vertrouw jullie!"

HOTEL DU PAVILLON

In Hotel du Pavillon hadden we intussen in een vleugel van het gebouw, op de bovenverdieping, een kamer gekregen. Op dat ogenblik was het een oase van rust. Een vierkante kamer met twee bedden, Singapore-deurtjes, rechts en links badkamer en toilet, en bovendien een voorgalerijtje met een paar stoelen.

En weer was er de dank in ons hart om die wonderlijke bewaring.

Van een Rode Kruis-team uit Holland, dat ook in het hotel was ondergebracht, konden we een paar stretchers lenen voor de kinderen. Voor Elsemiekje had ik nog dat inmiddels te klein geworden bedje uit het kamp.

Liggend op het bed lag ik later te staren naar de zoldering en mijmerde: „Wat heerlijk, een bed en schone lakens!"

„Kijk eens naar boven, naar de klamboe," zei Dick.

Een zwarte prop, die bewoog: wandluizen!

Het deed me weinig. We hadden er al zo lang mee geleefd. Hier waren we veilig en dat was belangrijker.

Veilig? In de weken die volgden zouden we ervaren dat veiligheid maar een relatief begrip is. Voorlopig zwierven mijn gedachten weg naar de voorbije tijd, naar de wonderlijke uitredding. Psalm 91 speelde door mijn hoofd en voor mijzelf herhaalde ik de woorden: 'Hij zal Zijn engelen bevelen, dat ze u bewaren op al uw wegen!' Wij waren bewaard, God was ons nabij geweest in alle gevaren. Maar de vele anderen dan, die evenals wij vertrouwd hadden op diezelfde God, die gehoopt hadden op bescherming en toch omgekomen waren?

Er was geen antwoord op die telkens terugkerende vraag . . .

De volgende dagen gingen in een zekere regelmaat voorbij. De toestand in de stad leek tamelijk rustig. Ik ging naar een kapper, deed enkele inkopen op een pasar (markt). De gezichten van de koopvrouwen en groenteverkopers waren, zoals men die kent van een Aziaat, ondoorgrondelijk.

In tegenstelling tot vroeger voelde ik me echter niet veilig meer. Ook de Indonesiërs in het hotel namen dezelfde afweerhouding aan, wat de maaltijden beneden in de eetzaal iets onheilspellends gaf.

Enkele weken later was Hanneke jarig. Van het Japanse geld dat we nog bezaten kochten we een grote taart. We zongen een paar liedjes met de kinderen, maar de echte onverdeelde vreugde was er niet, ook niet bij de kinderen. Intuïtief moeten ze iets gevoeld hebben van de spanning, die ondefinieerbaar, maar toch bijna tastbaar aanwezig was.

Dick, nog altijd Rapwi-arts, hield nu beneden spreekuur. De kamer waarin hij dat deed behoorde weliswaar bij het hotel, maar lag min of meer excentrisch en was alleen via een buitentrap te bereiken. Niemand scheen zich om de kostbare Amerikaanse instrumenten en de voor menigeen zo noodzakelijke medicamenten te bekommeren. Alles stond 's nachts vrijwel onbeheerd.

Deze situatie vervulde mijn man met zorg en op een dag haalde hij met een paar Ambonese en Hollandse jongens alles naar boven en deponeerde het op onze voorgalerij en in onze kamer. Voortaan kwamen de patiënten daar. Zo ook een Indische jongen, die uit de gevangenis was ontsnapt, een flinke wond had opgelopen en 's avonds in het donker naar het hotel sloop om behandeld te worden.

Het geroep om vrijheid, 'Merdeka', werd sterker en luider. Het klonk door de straten, op de pasar, maar de ongeregeldheden waren nog te incidenteel om georganiseerd te zijn. We deden nog de meest noodzakelijke inkopen, voornamelijk vruchten voor de kinderen.

Op een morgen besloot ik mijn laatste Japanse geld om te zetten in een paar figuurtjes van houtsnijwerk. Tegenover het hotel was een klein, donker zaakje waar ze verkocht werden.

Ik voelde een vreemde onrust in me opkomen, die ik niet kon verklaren. Snel kocht ik enkele kleinigheden en ademde verlicht op, toen ik weer buiten stond. Het was alsof onzichtbare machten getracht hadden me op de een of andere wijze iets aan te doen. Och wat, ik was natuurlijk nog te labiel en reageerde daarom zo.

Het was geen verbeelding geweest. Dezelfde middag nog klonk het 'bersiap', het sein waarop werd gewacht door duizenden inheemsen. Nu zou de strijd beginnen! Men was gereed en met allerlei wapens stormden ze door de straten, vechtend en dodend.

Met ontzetting zagen we, hoe Japanners en Indo-Europeanen werden neergeslagen.

Later hoorden we, dat het winkeltje waar ik me 's morgens zo onrustig had gevoeld, het broeinest van de extremisten was. Van daaruit was het bersiap gegeven!

Weer was ik aan een gevaar ontsnapt, weer was er die onzichtbare, maar zeer wezenlijke bewaring geweest.

We hielden de kinderen in de kamer, maar het lawaai en rumoer, het schreeuwen en schieten drong toch tot hen door. Elsemiekje krijste van angst en onrust en was niet tot bedaren te brengen.

De extremisten konden hun gang gaan. Er waren immers nog altijd geen Nederlanders of Engelsen om de rust te herstellen?

De vleugel van het hotel was verbonden met een open, van buiten zichtbare, galerij, de enige verbinding met het hoofdgebouw. Op ieder die zich buiten vertoonde werd geschoten. We kropen dus maar over de galerij, omdat we alleen zo de eetzaal konden bereiken.

Een paar dagen later werd het wat rustiger, al betekende dat niet dat we ons buiten konden wagen.

Op een zondagmorgen, niet lang na Hannekes verjaardag, dronken Dick en ik vroeg koffie op de voorgalerij. De kinderen sliepen nog. Ik was erg nerveus, voelde intuïtief dat er iets dreigde. Het gevaar leek tastbaar. Dezelfde ondefinieerbare angst had ik leren onderkennen en klopte in mijn keel.

„Ik ben bang, er gaat iets gebeuren," zei ik.

Dick probeerde me gerust te stellen, maar zijn woorden hadden geen effect.

„Daar heb je het al!" Mijn stem moet nauwelijks hoorbaar zijn geweest.

Om de hoek van de galerij verscheen een gewapende terrorist, de bajonet op het geweer. Onafwendbaar kwam de dreiging nader.

Binnen een kwartier waren alle Nederlandse mannen, ook de enkele Nica-jongens (Nederlandse Indische Civiele Ambtenaren) meegenomen. Ik zag ze gaan, de meesten in pyama, met praktisch niets bij zich.

De kinderen waren wakker geworden en weer moest ik ze vertellen dat vader weg was, maar zeker terug zou komen. Ik denk niet, dat ze het helemaal geloofden. Vader moest immers zo dikwijls weg en in het kamp had het ook zo lang geduurd voor hij weer terugkwam.

„God, hoe lang nog deze uitputtende, steeds terugkerende spanning. De kinderen kunnen het niet meer aan!" Het was als zo vaak een gebed zonder woorden.

„Waarom dan toch, mamma, waarom moet vader weg? Hij heeft toch niets gedaan? Hij heeft alleen maar zieke mensen geholpen!"

Ja, hij hielp alleen maar zieke mensen, maar daar werd geen rekening mee gehouden. Ook niet met het verdriet van kinderen, die weer hun vader kwijt waren.

Met een kleine groep van ongeveer twintig vrouwen en kinderen bleven we achter.

Tegen etenstijd verscheen op onze galerij een pemoeda met een bamboe roentjing. Hij sommeerde me naar beneden te gaan met drie kinderen. De anak ketjil (klein kind) zou hij wel bewaken. Het leek me maar beter dit bevel op te volgen. Beneden gaf ik de kinderen iets te eten. Zelf at ik bijna niets, maar ik nam wel iets voor Elsemiekje mee. In no time was ik weer boven. De pemoeda stond nog keurig op wacht en met Elsemiekje was alles goed.

Eerst later hoorden we dat alle Nederlandse mannen waren opgepakt en in de Mlaten (gevangenis) opgesloten.Velen waren op weg geweest naar de kerk, onder wie ook dominee E. de Jong, die de dienst zou leiden.

De nacht verliep zonder verdere incidenten. De dag daarop vonden er gevechten plaats tussen Jappen en Indonesiërs. Schoten weerklonken, de strijdkreten waren luid en fel.

De hetze tegen de Nederlanders was in volle gang en de door de Jappen geïndoctrineerde extremisten werden steeds fanatieker.

Nog een dag later, dinsdag, kwam de commandant, een Indonesiër, die blijkbaar de leiding in het hotel had, naar onze vleugel en vertelde ons, dat ze het gebouw niet meer konden houden. De overmacht van de Japanners was te groot. Japan had immers bij de capitulatie moeten beloven vrouwen en kinderen te beschermen totdat de Engelsen er zouden zijn. Eten was er niet meer. We moesten ons zelf maar zien te redden.

Ze verdwenen en ons kleine groepje, samengebracht in de vleugel op die ene galerij, was aan zichzelf overgelaten.

Onrustig en gespannen wachtten we af. Deze Indonesiërs waren verdwenen, maar anderen zouden hun plaats innemen, daar waren we van overtuigd. Het was op dit ogenblik angstwekkend stil.

Tegen twaalf uur verschenen ze, met hun geweren en buitgemaakte wapens. We hadden ons niet vergist en na korte tijd begon het gevecht tussen hen en de Japanners opnieuw. Er werd geschreeuwd, gegild, geweerschoten klonken, granaten floten.

Ik had de kast op onze kamer verschoven, om enigszins beschermd tussen de achterwand en de muur van de badkamer te kunnen liggen met de kinderen. Als er iets met mij zou gebeuren zouden ze immers helemaal op zichzelf aangewezen zijn. Dicht hield ik ze tegen mij aan. Het tumult was oorverdovend.

Op dat ogenblik kon ik nauwelijks meer geloven, dat we hier ooit levend uit zouden komen. Als de Indonesiërs wonnen zouden wij eraan gaan. Wij, de kolonisten-onderdrukkers zoals ze ons in hun waandenkbeelden beschouwden. Het volk, dat ons zo lief was, met wie we ons zo verbonden hadden gevoeld, met wie we na hun felle strijd om de vrijheid zo graag opnieuw waren begonnen. In hun wel en wee hadden wij gedeeld. Ik denk aan mijn oude kokki, die drie weken na het heengaan van onze Ella'tje bij me was gekomen en aarzelend had gezegd: „Njonja moet het bedje van nonni wegzetten en de babytafel opruimen, dan is het niet zo moeilijk!" Lieve, oude kokki, met je warme begrijpende hart, wat heb ik vaak aan je gedacht in deze jaren. Niemand heeft me in die moeilijke tijd zo getroost als deze eenvoudige Javaanse vrouw. Konden ze ons nu zó haten? Mijn hart ging uit naar deze misleide mensen, die zo verwoed vochten.

Met de angstige kinderen — ze begrepen er nog zo weinig van — zong ik, probeerde ik mijn angst weg te zingen. Nee, God zou ons niet verlaten, ook niet in stervensnood. Om stervensgenade bad ik, om samen met de kinderen bij Hem te mogen zijn. Ik bad om bevrijding van angst, als de deuren zouden worden ingeslagen en wij vermoord zouden worden. Maar mijn kinderen dan? Om hen was ik het meest bezorgd. Wat moesten ze alleen, als er met mij iets gebeurde? Ik probeerde opnieuw die angst te onderdrukken, zong verder, wetend en vertrouwend dat God ook in de dood ons nabij zou zijn.

Van twaalf tot vier duurde het gevecht. We hoorden telkens weer de vrijheidskreet 'Merdeka' roepen. Toen trad er een wonderbaarlijke stilte in, af en toe nog onderbroken door een kreet. Waren we gered? Hadden we deze ontzettende uren overleefd? 'Hij zal u bewaren!' ging het opnieuw door me heen. „Heer, U was bij ons in deze zo hachelijke uren. Ondanks deze chaos van dood en verschrikking mochten we léven!"

Buiten op de galerij was stemmengerucht. Iedereen van ons groepje kwam te voorschijn. Sommigen hadden steun bij elkaar gezocht. Ik was dankbaar deze uren alleen met de kinderen te hebben doorgemaakt, samen met God.

Bleek en ontdaan stonden de mensen daar en wezen naar beneden. Veel Indonesiërs hadden zich, mata gelap (dol van razernij) als ze waren, van de balustrade naar beneden laten vallen, waar ze door de Japanners afgemaakt werden.

Oorlogshandelingen, revolutie, scheppen soms situaties die door een buitenstaander als ongeloofwaardig kunnen worden beoordeeld.

Plotseling zagen we een pur sang Hollander uit zijn kamer komen. We keken naar hem als naar een wezen van een andere planeet. Een man! Hoe kon dat? Alle mannen waren immers weggehaald, opgepakt en gearresteerd?

Het was vrij simpel. Op die bewuste zondagmorgen lag hij ziek op bed. Had de man met de bajonet hem niet gezien, of gewoon laten liggen? Hoe dan ook, hij was er.

Hij stelde zich voor, zag de vier jonge kinderen en zei eenvoudig: „Mevrouw, de toestand blijft gevaarlijk. Tot nu toe hebben we het er levend af kunnen brengen, maar wanneer u zou moeten vluchten kunt u dat nooit alleen met al die kinderen. We moeten waakzaam blijven. Lijkt het u niet beter dat ik vannacht bij u blijf?"

Hoe men hier ook over zou kunnen denken, ik aanvaardde

zijn aanbod. En zo ontwikkelde zich, gedreven door de omstandigheden, de merkwaardige situatie dat ik 's avonds de deur van mijn kamer aan de binnenkant afsloot, samen met een vreemde die ik tot voor enige uren nog nooit had ontmoet.

We spraken af volledig gekleed te gaan liggen, voorbereid op nieuwe gebeurtenissen. Mijn kamergenoot trok zich bescheiden terug achter de Singapore-deurtjes, waar hij zijn matras in het gangetje uitrolde.

De nacht die, behalve met wat schoten hier en daar, vrij rustig verliep, ging over in een, voor het ogenblik, vrij kalme morgen. Ik maakte koffie op de voorgalerij. De kinderen werden laat wakker en begrepen niets van deze, voor hen rare, toestand. Maar er was al zoveel onbegrijpelijks in hun leven gebeurd, dat ze ook deze vreemde man in hun bestaan accepteerden.

Diezelfde man ging voor mij op roof uit, sloeg beneden deuren in en kwam terug met melkpoeder, biscuit, havermout en vruchten, alles uit de voorraadkamers.

Hij vertelde, dat het dertien Jappen waren geweest, die de strijd van de vorige dag hadden gewonnen en ons nu beschermden. Aan onze vijanden hadden we ons leven te danken!

Mijn tijdelijke kamergenoot, die gezagvoerder bij de K.P.M. bleek te zijn, was op zoek naar zijn vrouw en kinderen, die in Bandoeng moesten zijn. Hij kwam uit een interneringskamp, maar was door de ongeregeldheden gestrand en terechtgekomen in Hotel du Pavillon.

De volgende dag zorgde hij weer voor allerlei levensmiddelen, ook voor de enkele andere kinderen die er waren.

Op zijn vraag of ik verder nog iets nodig had voor de kinderen, antwoordde ik: ,,Zou u misschien ergens een po kunnen vinden? In het kamp hadden we er vier. Ze lekten allemaal, en we hebben alle nagellak opgebruikt om de gaatjes te dichten.''

Hij verdween en kwam terug met een keurige po met deksel, die voor de kleintjes nog lang dienst heeft gedaan. Wat was ik dankbaar, ook voor deze hulp.

Wonderlijke leiding in een mensenleven. De Jappen, die ons

in de kampjaren door middel van het inferieure voedsel dat ze ons gaven geprobeerd hadden uit te roeien, hadden ons leven gered. Uit haat tegen het volk van Indonesië, uit rancune om de verloren oorlog, uit liefde of sympathie voor de Nederlanders? Het laatste is nauwelijks denkbaar!

Maar we leefden nog en dat hadden we te danken aan hun heldhaftigheid. En nu moesten die dertien overgebleven Jappen het hele gebouw, met de vleugel waarin twintig vrouwen en kinderen plus één man, beschermen. De toestand buiten was uiterst precair. Moord en doodslag waren aan de orde van de dag.

Een jonge vrouw, die dicht bij het hotel een kamer had gevonden, lag een hele nacht in paniek wakker. Onder haar raam hoorde ze steeds messen slijpen en zeggen: ,,Orang belanda, semoea moesti mati!" ,,Alle blanken moeten dood!" Bijna waanzinnig van angst vluchtte ze naar ons hotel, waar ze een kamer kreeg die iets veiliger was.

Maar mijn man, waar was hij? Hoe was het met hem en de anderen afgelopen? Waren ze nog in leven? Alle communicatiemogelijkheden waren verbroken. We wisten niets anders dan het verhaal van de wegvoering naar de gevangenis. Het werd donderdagmorgen. Opeens stond er een oude Jap op onze galerij. Tot nog toe hadden ze zich niet laten zien, al wisten we van hun aanwezigheid. Hij kwam met een boodschap: ,,Njonja-njonja semoea moesti pigi keTjandi, lekas!" ,,Alle dames moeten vlug naar Tjandi!" ,,Ada prahoto!" ,,Er is een vrachtauto!"

Verslagen keken we elkaar aan. Weg van hier, in een open vrachtauto, door de stad naar Tjandi? Voor velen van ons zou dit een zekere dood betekenen. Nee, dat nooit!

Wanneer er maar iets van ons zichtbaar was op de open galerij werd er al geschoten. We overlegden snel en besloten te weigeren: ,,Kita orang tida mau pigi, tingal disini!" ,,We willen niet weg, we blijven hier!"

,,Apakah njonja mau mati?" vroeg de Jap. ,,Wil mevrouw dan dood?"

,,Kita orang soeka hidoep!" − ,,Wij willen leven!"

De Jap haalde zijn schouders op, zei: ,,Soedah" en slofte weg.

Hadden we er goed aan gedaan, was ons besluit juist? We

78

vroegen het onszelf ernstig af. Maar als het een besluit van hogerhand was geweest hadden ze immers nooit de beslissing aan ons vrouwen overgelaten? Er bestond nog geen instantie waar dit bevel van afkomstig zou kunnen zijn.

Later op de morgen hoorden we een geluid, dat we herkenden als het gerammel van koppen en schotels. Iemand had van de Jap opgevangen, dat de Engelsen onderweg waren naar Semarang. En plotseling begrepen we de hele situatie: de Engelse staf zou het hotel nodig hebben als hoofdkwartier en een handvol vrouwen en kinderen die de vleugel bezetten, zou alleen maar lastig zijn.

De vrijdag brak aan. In grote onrust wachtten we.

's Middags werd het wat stiller in de straten. Er heerste, niet alleen bij ons, ook bij de Jappen en niet minder bij de Indonesiërs, een voelbare spanning.

We durfden ons nog niet buiten de voorgalerij te wagen, maar toen we muziek hoorden was er geen houden meer aan. De Engelsen waren in aantocht! We holden naar de galerij en zagen ze binnenkomen, met vlag en wimpel. Het was een adembenemend schouwspel. De commandant met zijn ordonnans in een grote auto, de Engelse vlag wapperend, de tanks, de vele Engelse militairen, de Ghurka's. Om nooit te vergeten!

Ze zouden de mannen uit de gevangenis halen en de orde herstellen in de waanzinnige chaos, die in deze weken ontstaan was.

De vele Ghurka's bezetten het hotel. In een paar minuten hadden ze hun posities ingenomen, beneden, om het gebouw heen, op de galerij, op het dak. Kleine kereltjes waren het, nergens bang voor, aardig voor de kinderen en uitermate dapper.

We gingen naar de Engelse commandant, legden hem de situatie uit en vroegen hem dringend onze mannen uit de gevangenis te bevrijden. Het gesprek verliep stroef en werkte als een koude douche.

„Dat gebeurt nog wel eens, nu kan het nog niet," was zijn antwoord.

De volgende morgen vroegen we het opnieuw, maar hij zag de toestand niet zo somber in. Zelfs niet toen we hem vertelden, dat de gebeurtenissen van de afgelopen dagen er op wezen dat het helemaal niet denkbeeldig was, dat de gevangenen er niet levend uit zouden komen.

Wat begrepen de Engelsen, lakoniek als ze waren, van het gevaar waarin we hadden verkeerd, het gevaar dat ook nu nog reëel aanwezig was?

Om vijf uur hadden we nog niets gehoord.

Tegen donker kwam er een auto aanrijden, die tegen een muur tot stilstand kwam. „Dokter Keizer is terug!" werd er geroepen. Even later kwam Dick inderdaad boven.

We lazen het in elkaars ogen, begrepen zonder woorden van de ander, hoe dicht we bij de dood waren geweest in deze week. Dick bracht een paar gewonden mee en nog een paar mannen. Eerst later op de avond kwam het verhaal.

Op die bewuste zondagmorgen was iedere Nederlander in de cel gestopt. Er waren jonge mannen bij de Nica's, die tegensputterden, overigens zonder succes. De dagen duurden lang, de nachten nog langer. Het was benauwd in de overvolle cellen.

De vrijdag brak aan. Plotseling werden alle cellen geopend: „Naar buiten!" De Nederlanders werden naar buiten gedreven en moesten zich in rijen opstellen. „Handen omhoog!" werd er geblaft.

Voor hen stond een massa terroristen, de hand aan het geweer.

Weerloos stonden de gevangenen daar. Dit betekende het einde, nu ging het gebeuren. Wat zal er in de harten van velen zijn omgegaan? Ze hadden de kampen overleefd en gedroomd van hereniging met hun gezin, van de opbouw van het land in een betere, nieuwe samenleving. Ze waren er zo dicht bij geweest, maar blikkend in de geweerlopen en in de van haat toegeknepen ogen begrepen ze, dat de dood onafwendbaar was. „God, zorg voor mijn vrouw en kinderen, laat ze niet alleen!"

Nog was er geen bevel tot vuren gegeven, nog werd er gewacht. Waarop?

De aanvoerder liep op mijn man toe; in diens opgeheven hand ontwaarde hij een stethoscoop. „Apaka itoe?" „Wat is dit?"

„Itoe perkakas dokter poenja!" „Een instrument van de dokter," antwoordde Dick.

„Toean dokter dari orang belanda?" „Een dokter voor de Hollanders?" beet de man hem toe.

„Djoega boeat orang Djawa!" „Ook voor de Javanen."

Het werd een langdurige dialoog in het Maleis. De groep gevangenen keek in ademloze spanning toe. De rebellen werden ongeduldig, ze hadden de vinger aan de trekker.

Enkele schoten klonken. Woedend keerde de commandant zich naar zijn aanhangers: „Diam!" „Stilte!" Hij had ze weer onder controle.

Het gesprek duurt voort, eindeloos, en de hoop herleeft.

Dan opeens: „Iedereen naar binnen!"

De troep mompelde, maar verdween van het terrein.

Dick verzorgde de twee gewonde Nederlanders. De een had een schot in zijn been, de ander in zijn hals, gelukkig beide niet levensgevaarlijk.

Ook die avond zal menig dankgebed de hemel hebben bereikt. Het leek allemaal zo vredig. De aan de dood ontsnapte gevangenen moesten in hun cellen blijven, maar ze leefden en zagen uit naar bevrijding. De atmosfeer was gespannen, net alsof er iets in de lucht hing.

Dick werd uit zijn cel gehaald, in zijn pendekje (slipje) en moest naar buiten. Toch nog de kogel? De vrees besloop hem opnieuw. De bewaker vroeg hem echter of hij bereid was de zieken te verzorgen en de gewonden te helpen.

Natuurlijk was hij daartoe bereid, maar hij moest er wel iemand bij hebben als hulp. Samen met een man, die iets van verplegen afwist gingen ze aan de slag.

Dick wist eerst nog te bewerkstelligen dat de gevangenen frisse lucht kregen. Ze mochten hun cellen uit en tot twee uur bleven ze op het terrein.

Het werd middag. Buiten was het rustiger geworden.

Plotseling verscheen een groep kleine figuurtjes, een compagnie Ghurka's. In een moment was de gevangenis omsingeld, iedere Brits-Indiër wist wat hij doen moest.

Wat later stonden de Nederlanders weer op het terrein, net als vierentwintig uur geleden, toen oog in oog met de dood. Nu stonden ze onder Engelse bewaking.

Een Engelse officier sprak hen toe en zei, dat ze in twee groepen zouden worden afgevoerd naar het mannenkamp. Daar zou veiligheid en bewaking zijn.

Had onze commandant dan toch iets van de gevaarlijke situatie begrepen en daarom militairen gestuurd?

Mijn man was razend na het horen van de woorden van de Engelse officier. Weer naar een mannenkamp? Dat nooit!

„Ik ga terug naar mijn gezin!"

Hij werd bijgevallen door een paar anderen, maar hoe moesten ze er komen? Het hotel was een behoorlijk eind hier vandaan en de weg erheen gevaarlijk.

Opeens klonk er een stem: „Ik heb een auto!"

Ongelovig keken ze de man aan. Hoe kon dat nu?

„Die auto heb ik getjoept, maar de remmen werken jammer genoeg niet!"

Dick nam zijn twee gewonden mee en met nog enkele anderen reden ze in de vallende avond naar Hotel du Pavillon. waar ze tegen een muur tot stilstand kwamen.

Ademloos luisterde ik naar het verhaal, zag het hele gebeuren voor mijn ogen afspelen.

Mijn 'slapie' had zich bescheiden teruggetrokken.

Dick zocht hem op om hem te bedanken voor de goede zorgen voor zijn vrouw en kinderen.

's Avonds sloten we de deur van onze kamer aan de binnenkant af — het gangetje bleef leeg.

In de chaotische dagen die volgden zouden we deze goede vriend uit het oog verliezen. We konden alleen maar hopen, dat ook hij zijn gezin gezond en ongedeerd zou terugvinden.

Als we al gemeend hadden, dat met de Engelse bezetting de orde hersteld zou worden, dan bleek dit wel een illusie. De haat werd eerder nog meer aangewakkerd. De jonge pemoeda's, het Javaanse volk van Midden-Java, vocht verbeten voor zijn vrijheid en duldde niemand, ook niet tijdelijk, die het in de weg zou staan.

We gunden hun die vrijheid, maar moest het op deze manier, met moord en overvallen? Drie jaar Japanse invloed en indoctrinatie misten hun uitwerking niet.

Misschien is het niet overal zo geweest, maar Midden-Java was het centrum van het extremisme. De situatie werd door de Engelsen min of meer in de hand gehouden, maar het bleef overal erg onrustig. Het was onmogelijk een stap buiten de deur te doen.

We waren bezorgd, dat de voorraad medicamenten, die op onze voorgalerij lag, gestolen zou worden. Temeer, toen op een dag, terwijl wij er zaten, een deel van het dak boven onze hoofden instortte. Puin, stukken steen en kalk kwamen naar beneden. Was het opzet? We hebben het nooit geweten.

De Ghurka's waren paraat, doorzochten alles, maar er werd niets gevonden dat op sabotage wees.

De kinderen waren hevig geschrokken, maar hadden gelukkig geen letsel. Ikzelf kreeg een puntig stuk dak in mijn rug, dat me een kleine wond bezorgde.

Dick besloot naar de Engelse commandant te gaan en hem te vragen om een kamer in het hoofdgebouw, waar hij alle medicamenten veilig zou weten. De staf was immers niet groot, veel kamers stonden ongebruikt en de vleugel lag kwetsbaar.

Het antwoord was: „It is not necessary for you to have a room. We have our own doctors and medicins!"

Het was een uitgemaakte zaak. Er bestond geen interesse voor alle kostbare preparaten. We brachten nog meer van de voorgalerij naar onze kamer en besloten er zelf voor te zorgen, met alle risico's daaraan verbonden.

Op een dag kwam Johan Fabricius bij ons op bezoek. Hij bracht een grote zak lekkers mee voor de kinderen. Hij was oorlogscorrespondent en had ons geïnterviewd op de dag na de strijd om het hotel. Samen met Dick had hij op de H.B.S. in Steenwijk gezeten, in dezelfde klas.

Het was een prettige ontmoeting. Even werd de waakzaamheid, die elke dag tot het uiterste gespannen was, doorbroken.

Regelmatig vonden er gevechten plaats op straat. Mensen werden gemolesteerd en vermoord, waaronder veel Jappen.

De waterleiding in het hotel werd kapot geschoten, alleen beneden liep nog een klein straaltje.

Wat moest je met vier kinderen, waarvan één steeds buikloop had, beginnen zonder water? Dick haalde het van beneden, probeerde daar ook de kinderen te baden, met een open badkamerdeur om pardoes te kunnen vluchten. Gebukt moest hij de voorgalerij over en de, ook zichtbare, trap af.

Soms ging Hanneke mee. Samen met vader was ze niet bang. „De Here is ook op de trap, hè vader?"

Ja, de Heer was ook daar, zoals Hij steeds bij ons was in alle gevaar dat ons bedreigde. Het was ook op dat moment onze zekerheid, dat Hij er zou zijn, zelfs als ons het ergste zou overkomen.

Na een paar dagen hoorden we van de Engelsen dat diezelfde nacht een aanval zou worden ondernomen op het hotel.

In de avond werd de lichtleiding kapot geschoten en het hele hotel lag in het donker.

Wie maar een wapen kon dragen deed het, zelfs een jongen van vijftien jaar. Hoe zouden we ons anders kunnen verdedigen tegen duizenden opgezweepte Indonesiërs?

We zaten in het donker te wachten. Uur na uur verstreek onder oorverdovend mitrailleurvuur en geschreeuw.

Het zal ongeveer vier uur geweest zijn, toen er om een dokter werd geroepen. Daar blijkbaar niemand van de in het hotel aanwezige Rode Kruis-artsen zich liet zien en er opnieuw geroepen werd, stond Dick op en ging naar beneden.

In de tot puin geschoten lobby lag een Brits-Indiër. Een snel onderzoek wees uit, dat hij in zijn buik geschoten was en dat hij zonder meer dood zou bloeden als hij niet onmiddellijk naar een ziekenhuis zou worden vervoerd.

Dick rende naar boven, zocht haastig het meest nodige voor een noodverband bijeen. Een andere gewonde had een schot gekregen waarbij de grote slagader was beschadigd. Tamponeren!

Er was niets te doen voor deze beide doodbloedende mensen. Vervoer zou immers pas de volgende morgen mogelijk zijn.

Hoe en óf ze de patiënten naar het ziekenhuis hebben vervoerd is ons nooit duidelijk geworden. Ontmoedigd kwam Dick weer boven.

De aanval werd afgeslagen, maar niets functioneerde meer. We hadden geen licht, geen water, geen eten. Doodmoe na deze doorwaakte nacht, konden we alleen maar wachten op de dingen die komen zouden.

Heel vroeg in de ochtend kwam de Engelse commandant mijn man voor zijn hulp bedanken. Een heel ander mens dan de flegmatieke Engelsman, die we gedurende de afgelopen weken hadden leren kennen.

„Zo kan het niet langer," zei hij. „U wordt geëvacueerd naar de haven. Kunt u om één uur klaar zijn?"

We konden alles, als we maar met onze kinderen uit deze hel weg waren.

Alsof het de gewoonste zaak van de wereld was voegde de Engelsman eraan toe: „We gaan eerst Semarang bombarderen. We werken ook met vlammenwerpers, die de straten moeten schoonvegen. Als u vlak boven u vliegtuigen hoort, ga dan met uw kinderen plat op de grond liggen. U mag zoveel bagage meenemen als u dragen kunt."

In mijn leven heb ik nooit meer iets gehoord, dat zo schokkend was. Verbijsterd zagen we later de vlammenwerpers.

„Mijn God, het gaat toch om mensen? Hoe kan ik ooit nog een visioen hebben van een aarde waarop gerechtigheid wonen zal?"

We zagen slachtoffers vallen, hoorden kreten, gekerm van mensen in doodsnood.

Telkens lagen we met de kinderen plat op de grond, pakten dan weer verder aan onze koffers. Bij elke nieuwe explosie zocht Elsemiekje als een opgeschrikt konijntje in Dicks armen bescherming. Mede daardoor ontstond er een sterke binding, die zeer blijvend zou blijken te zijn.

VLUCHT

Om één uur stonden alle bewoners van onze vleugel start-klaar. Ambonese jongens droegen onze koffers. Dick drukte de kinderen op het hart niet te huilen of te schreeuwen. Hij droeg Elsemiekje.

Buiten was het doodstil. Over de galerij, langs de trap, door de volkomen vernielde lobby, tussen puin, hout en grote steenbrokken door bereikten we de straat.

We waren de eersten die het moesten aandurven naar de grote vrachtwagen te lopen. Het was alsof we door honderden ogen bespied werden. Militairen hielpen ons met de kinderen. Vrijwel onzichtbaar tussen matrassen zaten we weggedoken in de truck. Op elke hoek stond een mitrailleur opgesteld. Toen de eerste auto volgeladen was reden we met een krankzinnige vaart door Semarang, dat uitgestorven leek. Maar vanuit huizen en bomen werd nog door snipers (scherpschutters) geschoten.

De afstand was voor mijn besef vrij groot, maar zonder incidenten bereikten we de grote vlasloods bij de haven. Tussen balen vlas kwamen we min of meer tot bezinning. Was het een nachtmerrie, een boze droom geweest? Al eerder in deze maanden hadden we onszelf deze vraag gesteld. Kan een mens, een kind, dit alles ondergaan en nog léven?

Na vele jaren zal duidelijk worden hoe verstrekkend de gevolgen zijn, die deze tijd heeft achtergelaten, hoe in veel kinderlevens de angst gebleven is als een zeer wezenlijk bestanddeel van hun bestaan en nog altijd doorwerkt.

Professor Bastiaans, de grote kenner van het 'kampsyndroom' zegt: „Ik heb ze zien komen in 1946 en me afgevraagd, hoe ze al dit gebeuren in de toekomst zullen verwerken."

Wat wisten wij toen van een kampsyndroom? Professor Bastiaans heeft het leren kennen na tien, twintig, dertig jaar bij zovelen, die de oorlog overleefden. Hij heeft ze zien komen uit de concentratiekampen van Europa en Azië, uit de Jappenkampen van Indonesië. Ze hebben de angst en verschrikking jarenlang meegedragen, vaak onbewust en ongeweten, tot het zich tenslotte openbaarde en naar buiten trad in een vorm waar ze geen raad mee wisten.

Velen kwamen terecht bij professor Bastiaans. Hij is het, die met eindeloos begrip en geduld hun image weer gestalte probeert te geven, hen leert hoe te leven met dit syndroom, dat zo diep in hun wezen verankerd ligt.

Nog altijd treden de gevolgen op bij duizenden en nog eens duizenden, volwassenen en kinderen, die in deze periode hebben geleefd, soms pas wanneer ze allang volwassen zijn. Professor Bastiaans tracht met hen samen de weg in het leven, in het gezin, in de maatschappij, weer terug te vinden. Het verleden is niet ongedaan te maken. De schade, met name aan kinderen berokkend, kan in vele gevallen worden teruggebracht tot iets waar ze afstand van leren nemen.

In de vlasloods waren ongeveer vijfhonderd mensen. Toiletten ontbraken, evenals badkamers. Er stonden mannen met grote drums warme koffie. We kregen supply-kisten met melkpoeder, biscuit, cake, vlees, zeep en kaarsen.

De loods bleek geen lichtvoorziening te hebben; overal brandden kaarsen. Misschien waren we te versuft om te denken aan brandgevaar. Het moet levensgroot aanwezig zijn geweest. We dachten er helemaal niet aan, omdat we ons veilig wisten.

Aan de voorkant van de loods stonden Engelsen, aan de achterkant de Japanners.

Twee dagen en twee nachten bivakkeerden we er, mannen, vrouwen en kinderen met en door elkaar. Wat deed het er ook toe.

Het wachten was nu op een boot naar Holland. In Hotel du Pavillon hadden we meermalen gesproken met een van de Nica-jongens over de mogelijkheid terug te gaan naar Soerabaja, om daar helemaal opnieuw te beginnen. Er was zelfs al een vliegtuig, waarmee we zouden kunnen vertrekken. We verlangden helemaal niet naar Holland. Uit eigen beweging zouden we immers nooit terug zijn gegaan! In Soerabaja hoorden we thuis, in het land dat ons zo lief was. Een van de Nica-jongens kwam er toen juist vandaan. „Onverantwoord om dit te doen," zei hij. „De ongeregeldheden zijn zo tot demonstraties tegen de Nederlanders uitgegroeid, dat u nergens veilig zou zijn. Op enige bescherming hoeft u ook niet te rekenen!" We hebben die raad ter harte genomen en afgezien van ons plan.

Eerst veel later drongen de gruwelen door, die er hebben plaatsgevonden. De Hollandse vrouwen uit verschillende kampen, die al vertrokken waren, leefden er in vrees en grote onzekerheid. Op een dag zouden ze geëvacueerd worden. Het goed georganiseerde plan lekte uit. De bussen reden door de stad op weg naar de haven. De voorste kwamen er veilig aan, de laatste werden tegengehouden, met benzine overgoten en in brand gestoken. Weinigen ontkwamen. Zoveel kinderen, die wij gekend hebben, kwamen hierbij om het leven.

Nu zaten we dan te wachten om naar Holland te gaan, want er was voor ons geen alternatief meer.

Waarom werden wij steeds bewaard? Opdat we zouden leven! Maar die anderen dan?

Uitziende over het water was daar opnieuw die dringende vraag, dezelfde vraag die altijd weer bij me opkomt als ik denk aan het Joodse volk, zes miljoen Joden, die ieder voor zich onder de meest gruwelijke omstandigheden de dood onder ogen hebben gezien, en er was geen antwoord . . .

Hebben ze geweten van Gods aanwezigheid, ook in de allerdiepste nood?

Een Poolse Jood in het ghetto van Warschau liet een testament na, dat hij enige uren voor zijn dood schreef en waarin hij eindigt: „Ten hoogste één uur zal het nog duren, voor ik zal verzameld zijn met mijn gezin en met de miljoenen getroffenen van mijn volk in die betere wereld, waarin geen twijfel meer bestaat." En dan de allerlaatste ontroerende regels: „Ik heb God gevolgd, zelfs als Hij mij verstootte. Ik heb Zijn geboden nagevolgd, zelfs als Hij mij ervoor sloeg. Ik heb Hem liefgehad en beminde Hem, zelfs als Hij mij neerwierp ter aarde, mij folterde tot de dood, mij maakte tot een voorwerp van schande en bespotting. En dit zijn mijn laatste woorden tot U, mijn toornige God: het zal U allemaal niet baten, U hebt alles gedaan om mijn geloof in U te beschamen, maar ik sterf zoals ik geleefd heb, roepend: 'Sjèma Jisroël, hoor o Israel, de Heer is onze God, de Heer is één"!'

Is dit rotsvaste vertrouwen het geheim dat God met Zijn volk

88

heeft, dat het een appèl op Hem mag doen, zelfs in de grootste vertwijfeling, met de dood onafwendbaar voor ogen?

O nee, de horizon aftastend, turend naar de hemel vanwaar het antwoord komen moest, wist ik niet van dit testament. Ik las het eerst vele jaren na de oorlog. Nog weet ik het antwoord niet, ik zal het nooit weten! Maar dit geloof ik, ondanks alle twijfel, samen met de gefolterde Jood: de Heer is God. Meer nog: niets zal ons kunnen scheiden van Zijn liefde, zelfs niet de dood. Het is het enige, onbegrijpelijke en onbegrepen antwoord op mijn telkens weerkerende: waarom?

Langzaam liep ik terug naar Dick en de kinderen. We mogen leven! Het woord resoneert in mijn hart. Beelden die me telkens benauwen dring ik terug en . . . probeer te danken.

,,Er komt een boot één dezer dagen, die naar Holland gaat,'' zei Dick. ,,Maar hier, op de rede van Semarang, ligt de Van Heutsz, die naar Priok, de haven van Batavia vaart. We kunnen meegaan of wachten. De Van Heutsz ligt er, en die boot naar Holland moeten we nog maar zien.''

Veel mensen bleven hier liever wachten, wij stapten met anderen in de laundingscraft, die ons naar de Van Heutsz zou brengen. Daar zagen we de Nederlandse vlag in top, het rood, wit en blauw. Stil keken we er naar, te ontroerd om nog iets te zeggen. Dit registreerden we niet meer, dit namen we volledig in ons op.

Op de boot was het tjokvol. We voeren langs de kust van het zo geliefde land, dat zo verscheurd werd door haat en moordlust, waar de oververhitte gemoederen een uitweg zochten in deze chaos. Moest de vrijheid van een volk dan zoveel bloed, pijn en mensenlevens kosten?

Ik dwong mezelf om met de kinderen te praten, hen te vertellen dat we één nachtje hier op de boot zouden slapen, en dat we dan met weer een andere boot naar Holland zouden gaan, naar opa, oma, de ooms en tantes die ook kinderen hadden waarmee ze konden spelen.

,,Is daar dan geen oorlog, mamma, mag je daar zomaar komen?'' vroeg Marijcke.

Varen met de boot was een hele belevenis. De bemanning was vriendelijk, gaf de kinderen lekkers. Dat we 's nachts allemaal naast elkaar in het ruim moesten liggen deerde hen en ons niet. We sliepen niet veel, want je kon uit het donker van het ruim helemaal naar boven kijken en bij elke stap wiebelden de planken.

De volgende morgen vond Marijcke een badkamer, water had ze de vorige dag al ontdekt. Mannen en vrouwen in dezelfde badruimte. Op zoveel mensen was de accommodatie niet berekend. Wat gaf het allemaal.

We kregen koffie, een heerlijk ontbijt en niet lang daarna naderden we de haven van Batavia.

De kinderen probeerden alle nieuwe dingen in zich op te nemen; ze voelden intuitief dat ze veilig waren.

Maar waar was tante Lien gebleven, en Kees, hun kameraadje aan wie ze zo gehecht waren? Tante Lien, die zo vaak voor hen zorgde en er altijd was? We zijn hen kwijtgeraakt toen ze bij de familie Angenent achterbleven. Later hoorden we, dat Kees met zijn beide ouders naar Bandoeng was vertrokken en dat ze daar enige maanden in een kamp doorbrachten. In Holland zagen we elkaar terug. De band herstelde zich; de hechte vriendschap en verbondenheid is er altijd geweest en gebleven.

De boot meerde af aan de kade van Priok en Dick liep naar de plaats waar de loopplank zou worden uitgelegd. Achter zich hoorde hij zeggen: „Wat wilt u eigenlijk, dokter?"
„Met mijn gezin naar Holland," was het antwoord.
„Dacht u dat? U gaat van hier naar Bandoeng."
Dick was razend. „Over mijn lijk. Niet weer in een kamp, nooit! Ik heb een zieke vrouw en kinderen en ik gá naar Holland!"
Hij ging aan wal, zag enkele bekenden en via hen maakte hij kennis met een Nederlandse kolonel die naar Batavia moest. Deze begreep de situatie meteen en stelde voor met hem mee te rijden. „Ik kan u naar hotel De Nederlanden brengen, waar wel een kamer voor u en uw gezin zal zijn. Alleen, de weg is zeer gevaarlijk; er wordt overal geschoten. Over een uur vertrek ik."

Dick accepteerde dankbaar dit aanbod, kwam terug aan boord en vertelde mij van dit voorstel. Intussen had ik tot mijn grote vreugde oom Henk ontmoet, die al die tijd op zoek was naar zijn kinderen. Ook met deze boot waren ze niet meegekomen. Eerst weken later vond hij ze terug, met zijn schoonzusje die voor hen zorgde. Ze hebben in een extremistenkamp gezeten en zijn er allen levend uit gekomen. Het was heerlijk weer met hem te praten, er was zoveel gemeenschappelijks in zijn en ons leven.

Later reed Dick met de kolonel in een militaire auto naar Batavia. Daar ontmoette hij de heer Astro, die de leiding in hotel De Nederlanden had.

„Ja, een kamer is wel disponibel en eten is er ook, maar hoe komt u terug naar Priok?" vroeg hij.

„Dat weet ik nog niet, de militaire auto gaat niet terug."

Na enige tijd kwam er een marine-vrachtwagen die naar Priok moest. Dick kon meerijden en enige uren na zijn vertrek kwam hij weer aan boord en vertelde ons, dat hij een kamer in hotel De Nederlanden had. „Maar we moeten er in een open vrachtwagen heen langs een gevaarlijke route. Een andere mogelijkheid is er niet."

We vertelden dit niet aan de kinderen om hen niet nodeloos ongerust te maken. 's Middags verlieten we het veilige schip na een hartelijk afscheid van de bemanning, weer een onzekere toekomst tegemoet. We maakten ons zoveel mogelijk onzichtbaar in de vrachtwagen en de kinderen voelden weer de spanning. „Waarom mogen we niet naar buiten kijken?" vroegen ze.

Er werd geschoten, maar niemand werd geraakt. Ik wendde mijn ogen af van de lijken die langs de weg lagen. De kinderen konden ze gelukkig niet zien.

Na enige tijd reden we het erf van hotel De Nederlanden op. De mooie tuin was er niet meer, het hotel zag er verlaten en verwaarloosd uit. Eens hadden we hier gegeten in gelukkiger omstandigheden, toen de eetzaal nog een feestelijke aanblik bood. De beelden drongen zich weer op . . .

We kregen de beschikking over een vrij grote kamer waarvan een gedeelte klamboekamer was, met twee grote bedden met schone lakens. De kinderen waren verrukt en Marijcke zei: „Wat een mieterse kamer. Kijk eens, er is ook een stopcontact. Nu kunnen we ook voor mama water maken voor de warmwaterzak!" De galsteenkolieken kwamen namelijk steeds vaker terug en de ervaring had haar wel geleerd wat er dan eerst nodig is. Eens, bij een erge aanval, gaf ze gratis medisch advies: „Nou, vader, geef mamma nu maar een injectie!" Onvoorstelbaar zoals sommige kinderen, die zolang de zorg hebben meegedragen, dit bleven doen nog jaren na de oorlog.

Wat waren we gelukkig om onze kinderen, dat we een kamer, een voorgalerij en een tuin hadden waarin ze konden spelen.

's Nachts waakte voor onze deur een grote Brits-Indiër met een lange baard, die hij dan blijkbaar uitkamde. Elke morgen vonden we, als hij verdwenen was, de achtergebleven haren en pluksels. So what?

De volgende dag kwam een militair onze voorgalerij op. We herkenden hem meteen. Het was Ab Sybesma, die in 1941 in Soerabaja bij ons in huis was, later vertrok en uit Bandoeng de enkele woorden schreef: 'Tot betere tijden!'

Over en weer was het een vreugdevolle ontmoeting. Hij bracht armen vol heerlijkheden mee: blikken vruchten, cake, zeep en al die zaken waar we zo dringend behoefte aan hadden.

Hij vertelde over zijn diensttijd. Hij was uitgeweken naar Australië. Ja, inderdaad, hij vloog als verkenner mee boven onze kampen in Semarang aan het begin van 1944.

Later kwam hij nog een keer terug.

Van buiten kwamen de berichten over overvallen, beschietingen, ook in onze omgeving. Hollanders en Chinezen werden in winkels gekidnapt en niemand hoorde meer iets van hen. De kinderen konden niet meer in de tuin spelen en weer drong de vrees zich aan ons op.

Ik kwam niet meer op straat, het was overal onveilig.

Dick moest er echter af en toe wel op uit en liep dan mee in een konvooi, wat tenminste enige bescherming bood.

Hij en enkele artsen en medische hoogleraren overwogen een plan om door te zetten en naar Singapore over te steken. Bij geruchte hoorden ze, dat de Nieuw Amsterdam bij Singapore lag en naar Holland zou vertrekken. Het schip voer onder Engelse vlag en mocht niet naar Priok. Waarom niet? Niemand die het wist.

Ze hoorden ook van een K.P.M.-er die naar Singapore zou gaan. Het gerucht over de Nieuw Amsterdam werd weer tegengesproken. We wachtten van dag tot dag.

Dick zag kans een koffer met wat spullen uit het Tjideng-kamp te halen, dat dicht bij ons hotel lag. Bij zijn laatste overplaatsing moest hij daar vrijwel alles achterlaten. Zonder gevaar waren dergelijke tochten nooit, maar het lukte.

Op een avond werd er aan de kant waar wij onze kamer hadden, geschoten. Met de kinderen vluchtten we naar de achterzijde en bleven daar de nacht bij een collega en zijn vrouw.

„Is er weer oorlog?" vroegen de kinderen.

Ach, echte vrede kenden we immers niet. De volgende morgen was het rustiger, de bewaking was versterkt.

Boven in de hoek van onze kamer zat al dagen een grote tokeh (een groot soort hagedis), die op gezette tijden zijn zware roep 'tokeh! tokeh!' liet horen. Volgens de overlevering betekent het geluk als hij dat zeven maal doet. We waren er niet bang voor al waren we blij, dat hij niet in de klamboekamer huisde.

HOLLAND

Na ongeveer drie weken kwam de heer Astro naar ons toe en zei, dat de Nieuw Amsterdam nu wel mocht aanleggen in de haven van Singapore.

Het gemaakte plan voor de oversteek daarheen werd met de kapitein van een K.P.M.-er besproken en aanvankelijk door hem afgewezen. Hij had opdracht andere zaken naar Singapore te brengen en geen passagiers te vervoeren.

Hij had echter een grote bemanning aan boord en toen de artsen een team vormden en zeiden, dat ze wel voor hem wilden werken, accepteerde hij dat.

Een dag of twee later bedankten we de heer Astro hartelijk voor alle hulp die hij ons had geboden. De koffers werden voor de zoveelste keer gepakt en we gingen op weg naar de haven.

Het hele hotel was nu leeg. Veel vluchtelingen uit andere hotels ontmoetten we op de K.P.M.-boot.

Ik heb denk ik een black-out gehad, want ik kan me van deze rit niets meer herinneren. Wel de aankomst bij de boot, de bemanning die zo vriendelijk was voor de kinderen, de overvolle hutten en de vele evacuees.

De volgende morgen, toen we aan een heerlijk ontbijt zaten met 'ham and eggs', thee en porridge, kwam oom Henk ons nog even groeten. Hij had nog steeds geen spoor van zijn kinderen gevonden. „Ik ga niet weg voor ik ze weer terug heb," zei hij vermoeid. Met een bezwaard hart namen we afscheid. Na een jaar zou hij onze laatste telg dopen, de enige van de kinderen die in Holland werd geboren.

Het medisch team kwam op het schip meteen in actie. Ze hielden spreekuur en gingen naar patiënten. De verhouding met kapitein en bemanning was bijzonder plezierig.

Na twee dagen naderden we Singapore. Als een machtig gevaarte rees de Nieuw Amsterdam voor ons op. We stonden aan de railing en telden de vele dekken boven elkaar: acht, negen? Wat was ons in zo korte tijd vertrouwd geraakte K.P.M.-ertje een notedop, hierbij vergeleken. Dit imposante schip zou ons drie à vier weken tot verblijf dienen!

Weer volgde een hartelijk afscheid van kapitein en bemanning. 'Ships that pass in the night!' Hier beleefden we dat
letterlijk.

Samen met het medisch team, behalve Dick bestaande uit de
professoren Bijlsma en Reddingius, de doktoren Hogerzeil,
Pruys en nog een marine-arts wiens naam me ontschoten is,
gingen we via de loopplank aan boord van de Nieuw Amsterdam.

We kwamen in de buik van het schip, een geweldige ruimte
waar we geregistreerd werden. Het duurde lang. Vervolgens
werden mannen en vrouwen gescheiden ondergebracht. Het
kon ook niet anders. Later hoorden we, dat er in het geheel
4700 evacuees aan boord waren, Engelsen en Nederlanders,
plus ongeveer 3000 Engelse soldaten die met Kerstverlof
gingen. Daarbij kwam dan nog eens de bemanning.

Erg toeschietelijk was de Engelse kapitein in het begin niet.
Het medisch team stelde zich meteen beschikbaar, maar
hetzelfde antwoord dat we al eerder gehoord hadden kwam:
„We have our own doctors!"

Toen ze echter hoorden dat mijn man kinderarts was, werd
hem als enige Nederlander gevraagd aan boord dienst te
doen. Er waren inderdaad een paar Engelse artsen, maar
voor de vele kinderen was geen kinderarts.

Ik vond met de kinderen een plaats in het vrouwengedeelte
en kwam in een hut met nog enkele moeders met kinderen.
Viermaal drie stretchers boven elkaar. We hadden de weelde
van een badkamer en maakten er om beurten gebruik van.

We waren op elkaar ingespeeld; het kamp had ons veel
aanpassingsvermogen bijgebracht.

Al snel maakte de grote kolos zich los van de wal en vertrok,
de onveilige zee op. Overal lagen nog mijnen.

Enkele malen hielden we sloepenrol. Ik vroeg me af, als er
iets zou gebeuren, hoeveel of liever hoe weinig mensen die
ramp dan zouden overleven. Erg lang stond ik hierbij echter
niet stil. Was ik fatalistisch geworden, ongevoelig voor de
gevaren, die toch zeer zeker niet denkbeeldig waren? O nee,
maar iets in mijn hele wezen verzette zich, onbewust waarschijnlijk, tegen weer te moeten leven met angst en een
zekere rust kwam over me.

Het leven aan boord was uitstekend georganiseerd. Op vaste

tijden ging de bel voor het ontbijt, de lunch en het avond-
eten. Het gebeurde in twee ploegen. Als wij aan de beurt
waren stonden we elk met twee kinderen startklaar. Aan het
begin van de eetzaal namen we borden en bestek mee, kregen dan een plaats aan een van de vele gedekte tafels. Langer
dan twintig minuten mocht de maaltijd niet duren. Als we
klaar waren liepen we naar de warmwaterkranen, spoelden
alles schoon en maakten plaats voor de volgende groep.
Wilde alles goed functioneren, dan moest het wel op deze
manier.

De warme maaltijd was wat moeilijk. Grote Amerikaanse
aardappelen in de schil gekookt, meestal worteltjes en dop-
erwtjes erop, aangevuld met cornedbeef en jus. Dat gaf een
enorm geklieder. Na enkele dagen lieten we de aardappelen
maar liggen. Om ze voor vier kinderen in zo korte tijd van de
schil te ontdoen was onmogelijk. De rest ging probleemloos
naar binnen en we hadden er voldoende aan.

Het ontbijt met kaas, roomboter en marmelade was verruk-
kelijk.

Bij de lunch kregen we eens peren. Marijcke en Hanneke
kenden deze vruchten niet en wilden ze niet eten. Op ons
aandringen reageerde Hanneke door tegen Marijcke te zeggen: „Als je je adem inhoudt en dan slikt, proef je er niets
van!" Wat wisten deze tropenkinderen ook van Hollandse
vruchten? De Indische konden ze zich al nauwelijks meer
herinneren! In de kampjaren hadden we nooit één vrucht
gezien.

De dekken waren overdag vol. We zaten maar wat op de
grond en keken over de eindeloze zee. De kinderen stonden
vaak aan de railing en hadden veel plezier in de telkens
opspringende dolfijnen. Het was een leuke afwisseling, want
verder was er weinig te beleven.

Soms deden we spelletjes. Bijvoorbeeld 'ik zie, ik zie wat jij
niet ziet', en zochten naar dingen die in het water voorbij
dreven. Een enkele keer speelden ze met andere kinderen,
maar ze waren meestal snel weer terug, nog altijd niet vrij van
een zekere vrees.

Op de vele trappen was het een druk verkeer van mensen, die
elkaar ontmoet hadden op de vele dekken.

Dick had het druk. Hij werd van het ene dek naar het andere

geroepen. Als een van de weinigen mocht hij van de lift gebruik maken.

We ontmoetten veel bekenden, contacten werden hersteld, sommige bleken in deze jaren verloren te zijn gegaan. Soms deed dat pijn. Iedereen heeft deze tijd individueel moeten verwerken . . . of niet verwerkt.

Op een van de eerste zondagen werd er een kerkdienst, of liever een korte aandacht, gehouden. De zaal was niet vol, hoewel de opkomst redelijk was. Een predikant of een andere geestelijke was er niet. We waren gewoon maar als bevrijde mensen bijeen, komend uit verschillende religieuze milieus. We zongen en baden, luisterden, beleden ons geloof in die ene Heer. We wisten ons in Zijn tegenwoordigheid. Was hier iets zichtbaar van het komende Koninkrijk? Deze samenkomst zou me nog lang bijblijven.

Dertig jaar nadien, toen ik met een van onze zoons een weekend logeerde in het vakantie-recreatieoord van de Wereldraad van Kerken in Locarno-Monti, zou ik me deze ogenblikken herinneren.

In de subtropische avond, terwijl de maan zichtbaar werd boven de bergen, zong elke predikant, evangelist of sociaal-werker uit alle delen van de wereld, maar meest komend uit Oost-Europese landen, een psalm of lied in de eigen taal. Het laatst klonk het gezang van een theoloog-hoogleraar, bisschop van zijn kerk, uit Belgrado: „Grote God, wij loven U!" Hij zong het samen met zijn vrouw in het Servisch, op een Slavische melodie. De weemoed van zijn volk klonk erin door, maar het was een loflied dat de weemoed overstemde.

Er viel een stilte, het was als een preludium voor een verre toekomst. Het riep een beeld op van die grote schare, die niemand tellen kan, waar de scheidsmuren zijn weggevallen, waar volk en ras, blank en bruin, Jood en christen, elkaar zullen herkennen.

We beleefden deze uren als een teken van hoop en verwachting. Emotioneel geladen, ongetwijfeld, maar is de emotie weg te denken in de ontmoeting met God, in het samen geloven in de verrezen Heer?

Toen kwam het moment dat de Nieuw Amsterdam in open zee bleef liggen. Het was nog vóór Suez. Een grote laundingscraft kwam langszij met lange banken, waarop we straks zouden mogen zitten.

Wat een belevenis! Wij behoorden tot de eerste groep die een tochtje naar Ataka ging maken, waar ons kleding verstrekt zou worden.

Als we na een klein half uurtje aanleggen bij de woestijn, staat daar — nee, niet 'een klein stationnetje' — een heus locomotiefje met aanhangwagentjes klaar. Wat een feest! Het was precies een speelgoedtreintje. De kinderen vonden het prachtig. Het was ook zoiets ongewoons! „Waar gaan we naar toe?" vroegen ze. Ze zouden het snel te zien krijgen.

Toen we uitstapten zagen we een geweldige tent. We werden verwelkomd door de Engelsen. En daar binnen? Rechts een reusachtige zandbak, roetsjbanen, schommels, wippen, karretjes, enorm veel om mee te spelen; ze konden het gewoon niet verwerken!

In een ander deel van de tent stonden tafels volgeladen en opgetast met de meest heerlijke dingen: broodjes in allerlei soorten, gebak, cake, vruchten, noten. Iedereen mocht net zoveel nemen als hij maar wilde.

Het was lunchtijd. We zochten wat lekkere broodjes uit en wat vruchten en zaten met de kinderen aan een tafeltje. Ze praatten honderduit en wilden naar die heerlijke speeltuin, maar toen de bordjes leeg waren moesten ze om de beurt naar de kledingafdeling. Ze kregen slobbroeken, een jack met capuchon, ondergoed, een warme sjaal, kousen, schoenen en een zak speelgoed. Alles ging in een groot soort padvinderstas, die we nog jaren daarna gebruikten voor de vakanties.

Toen kwamen ook wijzelf aan de beurt. We wisselden elkaar af en intussen konden de kinderen in de zandbak hun hart ophalen aan het stevige speelgoed, dat door de Duitse en Italiaanse krijgsgevangenen, die hier rondliepen, vakkundig gemaakt was en beschilderd in vrolijke, felle kleuren.

Wat een dag, wat een geweldige opvang, voorbereiding en zorg voor ons, evacuees, die berooid op weg waren naar Holland.

Laat in de middag, beladen met plunjezakken en tassen,

namen we afscheid van de Engelsen, bedankten hen voor deze nooit verwachte hulp. We stapten in het treintje en de laundings-craft bracht ons weer naar de Nieuw Amsterdam. Na enige dagen naderden we kaap Guardafui. Een paar doodzieke kinderen moesten in een ziekenhuis, waarschijnlijk in Suez of Port Said worden opgenomen, voor ze verder mochten reizen. Met hun ouders gingen ze van boord.

Vervolgens voeren we Straat El Mandeb binnen en doorploegde het schip de Rode Zee. Geleidelijk aan werd het wat kouder en de warme kleding kwam goed van pas.

In het Suezkanaal, waar vrij langzaam gevaren werd, zagen we Bedoeïenen op kamelen.

Op de dekken was het nu echt koud, maar met jassen aan ging het nog wel.

Er brak een ware mazelenepidemie uit, waarvan veel kinderen doodziek waren, ook in onze hut. Marijcke, Hanneke en Dickie hadden het al in het kamp gehad. Gelukkig ontkwam Elsemiekje eraan, hoewel ze weinig weerstand had. Ze woog op dat moment met haar ruim twee jaar nog steeds zeven kilo. Hetzelfde gewicht had ze ook toen ze vijf maanden was en we uit de vrouwenwijk vertrokken. Hoe zou ze straks reageren op het Hollandse klimaat?

In de Middellandse Zee stormde het. We voeren heel langzaam, want er lagen veel mijnen zo werd ons verteld, die nodig waren geweest om de in- en uitgang van de Middellandse Zee af te sluiten.

Het was december. Weer waren de adventsweken min of meer aan ons voorbij gegaan, maar nu naderde Kerstfeest. Ook daarvan was echter weinig te bespeuren.

Steeds meer kinderen kregen mazelen en lagen met hoge temperatuur in het schommelende schip. Veel passagiers waren zeeziek. De zee was prachtig, maar onstuimig.

Toen we aan het kerstdiner zaten, met zoveel zorg klaargemaakt, lieten velen het afweten. Ze konden geen eten zien! Ook wij zaten aan tafel, voelden elke deining en verdwenen nog voor de maaltijd was afgelopen.

Alleen Dickie at als altijd van alles mee, zoals hij eigenlijk de hele reis al deed. Of het nu rijst met sambal was, scherp of niet, hij at. Op een keer waren we hem kwijt, zochten alle dekken af tot er werd omgeroepen dat een jongetje van ongeveer vier jaar, met een beige slobpak aan, bij de kapitein zat. Even later vonden we hem daar terug, al chocolade etend. De storm en het heen en weer deinen van het schip hadden op hem geen vat.

Na nieuwjaar 1946 naderden we de Engelse kust. We zagen de krijtrotsen in de nevel opdoemen. Southampton was het einddoel van de Nieuw Amsterdam.
Toen we daar aankwamen was het mistig en koud. Een eind verderop lag de Almanzora aan de kade, die ons in twee groepen naar Amsterdam zou brengen.
Weer pakten we onze koffers en lieten de hut keurig achter. We namen afscheid van de Engelse militairen, die ons gedurende de reis met alles hielpen. De kinderen hadden er zelfs speciale vrienden onder.
Even later liepen we tegen de striemende, gure wind in langs de kade. Heel wat kinderen hadden nog koorts, maar waren goed tegen de kou ingepakt. Niettemin was de overgang van de warme hutten naar de wal te groot, maar een andere mogelijkheid was er niet.
De Almanzora, een sinaasappelboot, nam ons op. Het was er steenkoud en vrijwel onverwarmd. Dick droeg Elsemiekje, maar ze werd steeds blauwer. Snel zocht hij één van de weinige radiatoren op en zette haar daar een poosje op, tot haar kleur weer normaal werd. Ze was bezig te bevriezen!
Met ons zessen kregen we een hut en lieten de kinderen onder de dekens bijkomen. Van een warme maaltijd knapten we wat op en meer nog van de nachtrust. Nu zou Holland snel in zicht komen. Het duurde echter nog tot vier uur 's middags voor we bij de sluizen van IJmuiden waren. Op de kade stonden honderden mensen in de kou te wachten, om die eerste groep Nederlanders te zien aankomen.
We stonden met gemengde gevoelens aan de railing. Verrukt, toen we de vaderlandse kust ontdekten? Blijdschap, om weer terug te zijn in Holland? Dankbaar wel, maar ons hart bleef in Indië en we wisten maar al te goed, dat er geen weg terug was, dat het een afgesloten periode betekende.
Laat in de avond arriveerden we in Amsterdam. De oorspronkelijke bedoeling, om nog dezelfde dag te debarkeren, werd niet uitgevoerd. Het oponthoud bij de sluizen van IJ-

muiden had langer geduurd dan voorzien was. We moesten dus nog een nacht aan boord blijven. Dat zou nog niet zo erg geweest zijn, maar er was niet meer op ons gerekend voor de maaltijd. We mochten niet van boord, maar beneden in de loodsen stond gloeiendhete erwtensoep voor ons klaar, koffie en broodjes. We maakten er dankbaar gebruik van. Intussen waren we ervan op de hoogte gesteld, dat we bij mijn broer en schoonzuster werden verwacht.

De volgende morgen reden we vanaf het bekende Centraal Station met een trein, waarvan sommige ramen ontbraken, naar Leiden. Hoe de oorlog hier had huisgehouden was overal zichtbaar.
In Leiden werd de eerste groep evacuees geïnterviewd. Vervolgens bracht een oude taxi ons snel naar de gastvrije pastorie, waar nog tot voor kort, tijdens de Duitse bezetting, vijftien mensen hadden ingewoond naast het eigen gezin.
De familie was vrijwel voltallig. Opa, oma, de ooms en tantes, ze hadden al dagen naar ons uitgezien.
Tijdens de feestelijke maaltijd die avond, aan een gezellig gedekte tafel, sprak oom Rien ons toe. Hij dankte voor onze behouden terugkomst en overhandigde Dick een nieuwe huisbijbel. „De Here zal voorzien!" stond op het schutblad.
Wat wil je veel, maar wat kun je weinig zeggen op zo'n moment. We stonden voor een nieuw hoofdstuk in ons leven.
We hadden elkaar in negen jaar niet gezien. „We zijn er allemaal doorgekomen," zei iemand uit de gemeente in één van de volgende dagen. Ik dacht aan het grafje, dat we achterlieten, aan het ontbreken van de zo nodige obat, die misschien het geneesmiddel zou zijn geweest, maar door de oorlogsomstandigheden niet verkrijgbaar was. Ik drong de gedachte terug. God vergist zich niet! Ella'tje is veilig en geborgen bij Hem!
Met elkaar hadden we een paar heerlijke dagen. We waren intens dankbaar voor deze warme ontvangst. Voor dit huis, dat de eerste weken ons 'thuis' zou zijn.
's Zondagsmorgens, in een overvolle kerkdienst, waar we met een dankbaar hart mee konden danken en bidden, doopte oom Rien zijn nichtje: Elisabeth Maria, „in Christus geheiligd en als Zijn kind aangenomen"! De bekende, maar

101

zo betekenisvolle woorden raakten me tot diep in mijn hart. Ze zijn zo nauw verweven met de doop en klinken als een bevrijding. Onze Elsemiekje was immers nog niet gedoopt, omdat dat in de afgelopen jaren niet mogelijk was geweest.

Terug uit de kerk bleek de peettante, die haar gedragen had, difterie te hebben. De hele pastorie raakte in rep en roer vanwege het vatbare kind.

Zelf reageerden we nogal rustig. Tijdens de revolutiedagen in Semarang had ze neusdifterie gehad en daar een serum voor gekregen. De peettante werd echter diezelfde dag nog in een ambulance naar het ziekenhuis vervoerd. De gemoederen kwamen tot rust, maar over de blijde zondag hing een schaduw.

Mijn man ging de dag daarop meteen op pad om een praktijk te zoeken. Eerst moest hij zich natuurlijk overal oriënteren.

Na een paar dagen werd Elsemiekje toch ziek: mazelen! Toen de temperatuur hoog opliep en er middenoorontsteking en longontsteking bij kwamen, besloot Dick haar te laten opnemen. Een vriendelijk gemeentelid bracht ons met zijn auto naar het Academisch Ziekenhuis in Leiden. Professor Gorter zou haar behandelen. Op de kinderafdeling lagen tien kinderen van de Nieuw Amsterdam. Toen we haar na drie weken weer konden ophalen, bleek zij één van de vier te zijn die genezen waren. Zes hebben het niet overleefd. Dit weten we alleen van dit ene ziekenhuis, maar hoeveel kinderen zullen, na die lange bootreis en de overgang van klimaat, het niet hebben gehaald?

De kinderen kregen vriendjes en vriendinnetjes en beleefden van alles. Een kind vergeet snel. Toch niet altijd. Vier of vijf jaar later liepen we met de kinderen door Amsterdam. We woonden toen al enige jaren in het Gooi. In de drukke Kalverstraat klemde een ijskoud kinderhandje zich in vaders hand, en terwijl ze rondkeek met onzekere ogen, hoorden we: „Laten we weggaan. Hier zijn zoveel mensen. Ik ben bang!"

Herinnering aan opstand en alles wat daarmee samenhangt? Het was een van de eerste keren dat we het merkten, het signaal opvingen, maar het nog niet herkenden. Het zou

terugkomen. Angst en nachtmerries zouden volgen, niet één-
of tweemaal, maar herhaaldelijk.

Na zes weken verlieten we de pastorie waar we zoveel goeds
hadden ontvangen.
We reden naar een kleine plaats, een nog onzekere toekomst
tegemoet.
„De Here zal voorzien!"
Als we in de zonnige ochtend aankomen is er al iets van
voorjaar in de lucht. De sneeuwklokjes bloeien al.

TERUG NAAR HET VERLEDEN

Nog een paar dagen, dan is het zover en gaat de grote reis naar Indonesië beginnen. Ik voel me als een kind dat de nachtjes telt — nog vier, nog drie, nog twee, nog één en dan . . .
Blijft er in een mens zoveel over van het kind dat hij eens was? Is de verwachting naar wat komen gaat dan toch een zo grote factor in een mensenleven?

Indonesië! Met duizend draden voel ik me verbonden met dit wondermooie, geheimzinnige land, dat me al jaren geleden in zijn greep heeft gekregen en me vasthoudt met onzichtbare banden.
Hoe zullen we het terugzien? Zal ik in de miljoenenstad Jakarta iets herkennen van de vroegere rust en vrede, van de stille ochtenden, nog nevelig en vochtig na de koele nacht? In de goed aangelegde en onderhouden tuinen zullen de witte konijntjes niet meer spelen, want alles zal zo anders zijn, druk, lawaaiig met motorgeronk, getoeter van auto's, geknars van remmen. Geen baboes meer achter kinderwagens in rustige lanen, vertrouwd beeld uit vroeger tijd. Maar die vroegere tijd is voorbij, al blijft de zorgzame toegewijde baboe een vertederend beeld.
Nee, van het merendeel der huizen zal de voorgalerij gesloten zijn met ramen en deuren: een kamer meer — een stuk gastvrijheid, een weten 'welkom' te zijn minder.
Ik zal het zien en de stad willen ontvluchten, maar niet voordat ik zelf in de woonwijk ben geweest, waar de grootste armoede heerst, de krotten waar kinderen rommelen in het vuil, op zoek naar iets eetbaars misschien. Mensen, verpauperd en zo aan de rand van het menselijk bestaan, dat het leven nauwelijks meer waard is geleefd te worden.
Wat begin ik met de kleinigheden, die ik ze geven zal? Kinderhandjes zullen ernaar grijpen en in kinderogen zal misschien even iets oplichten om het onverwachte, maar dan zullen ze doorgaan met hun vreugdeloos spel. Ik zal weggaan uit stank en vuil en de herinnering meenemen aan dit troosteloos bestaan en weten dat niet hier alleen, maar ook elders

op de wereld ditzelfde schrijnende beeld zal zijn . . .
Moet ik zó gaan, ik die weet dat dit de realiteit is, en toch zo
de zelfbeschikking van dit volk heb verdedigd: baas in eigen
land, op eigen bodem? Zullen veel dingen en omstandigheden ons eens duidelijk worden? Misschien een somber begin
van een reis, die een zeer speciaal karakter zal dragen: het
spoor te volgen vanaf dat allereerste begin van ons leven in
een toen nog zo vreemd land.

We willen beginnen in Soerabaja. Onze eerste gang zal zijn
naar het kleine grafje op die stille begraafplaats waar de
vogels zongen en de bloemen bloeiden, waar alles wacht op
dat ene, grote moment, als 'de bazuin zal klinken', en de
Heer hen, die slapen in de aarde roepen zal tot leven! Ook
onze Ella'tje zal erbij horen en stralend opstaan.
Is dat een illusie? Zullen misschien alle graven weg zijn en we
een verwoeste vlakte aantreffen? Niets meer vinden van dat
grafkeldertje, dat we eens moesten achterlaten?
Maar toch: het is alleen de lege schaal die achterbleef, ons
Ella'tje is bij de Heer. Hoe, ik weet het niet, maar geloof het.
God heeft haar niet van ons overgenomen om haar aan de
dood prijs te geven.

Nog een paar dagen en we zullen weer contact hebben met
het volk van Java, lopen door hun straten, hun kampongs. En
de herinnering aan de moeilijke jaren 1940-1945 zullen vervagen. De dessa's zullen er zijn, we zullen de rook opsnuiven
van de houtvuurtjes en al die ondefinieerbare geluiden horen van de tropen die het land zo'n eigen sfeer geeft. Bijna
vijfendertig jaren liggen tussen toen en nu.
Waarom gaan we nu pas?
Het plan om dit land nog eenmaal te zien bestond al jaren,
tot het vorig jaar vaste vorm ging aannemen. Een schema
werd opgesteld, voorbereidingen getroffen en nu zal het toch
eindelijk gebeuren!
We zullen de klaterende watervallen zien en de snelle bergstroompjes, waarin de grote stenen liggen waar we overheen
sprongen. En de blauwe bergen, onwrikbaar als trouwe
wachters, zij zullen dezelfde wezen. Ik zal lopen op de smalle
paadjes tussen de rijstvelden en zien hoe hier niets veranderd

is. Het tere geelgroen van de pas ontkiemde, jonge rijst, het diepgroen van de gerijpte halmen, wachtend om geoogst te worden. Plantje voor plantje wordt in de vochtige grond gestoken om later met de hand te worden gesneden, zoals het altijd is geweest. Geen techniek, geen moderne methode bracht hierin verandering. De verre horizon zal er zijn, ja, ook de horizon die soms zichtbaar was in de kampjaren. Ik zal gaan met ogen vol verwachting om alles, alles weer in me op te nemen.

En dan opeens is het zover; alle formaliteiten zijn afgewerkt – we staan op Schiphol. Bijna alle kinderen zijn gekomen uit het noorden en zuiden van het land. Ook Peter heeft zijn werk in Bazel onderbroken en is voor vierentwintig uur overgevlogen. Ze weten maar al te goed dat het niet gaat om een vakantie naar Italië of Zwitserland, maar dat deze reis een diepere achtergrond heeft. We willen stap voor stap het spoor volgen, dat we eens trokken. Dat door oorlog, Jappenkampen en revolutie leidde tot een ongewilde, overhaaste vlucht uit het land dat ons lief was geworden in de jaren dat we er woonden.
Met de kinderen en enige vrienden drinken we nog even koffie, dan moeten we afscheid nemen. We zijn allemaal wat gespannen. Ik zie ze staan en wuif naar hen zo lang het mogelijk is. Onze verbondenheid, hun liefde en aandacht draag ik als een kostbare schat mee.
Als we door de douane zijn en ik ze niet meer kan zien, weet ik dat ze zich nu zullen omdraaien naar Willemien, die het met twee kleine kindertjes deze maand alleen zal moeten stellen, want Dick junior, als vertegenwoordiger van alle kinderen, reist met ons mee. Ook in hem was die drang om het land waar hij geboren werd terug te zien. We zullen hem alle plekjes kunnen wijzen, die voor hem en ons belangrijk zijn. Zullen ze er nog zijn?
We worden hartelijk verwelkomd door de crew van de Singapore-Air-Lines en hebben, dank zij Dick juniors goede zorgen, bij het inchecken een prettige plaats in de grote Boeing 747, vlak voor de vleugel.
Ik weet Dick naast me, maar merk nog niet veel van de omgeving, noch van het opstijgen, omdat ik me te verward,

te geëmotioneerd voel. Pas na de stop in Rome kom ik een beetje tot mezelf en lees de brieven van alle kleinkinderen, die bedoeld waren voor in het vliegtuig. Ze zijn versierd met tekeningen, waarin elk kind herkenbaar is.

„Dat jullie samen nu teruggaan naar jullie eigen vaderland," schrijft een van hen. Is het verborgen heimwee dan zo sterk geweest in al die jaren dat de weerklank opgevangen is door een klein meisje? Was haar antenne zo scherp afgestemd op de onze? Natuurlijk, ze is een dochter van Marijcke, die zich nog zoveel herinnert van de jaren in de tropen, voor en tijdens de oorlog.

Ons eigen vaderland, ja, dat was het inderdaad geworden en nu, na zoveel jaren, gaan we terug en ik weet dat alles veranderd zal zijn.

Het vliegtuig is nog niet zo vol en omdat er zoveel lege plaatsen zijn kunnen we 's nachts languit op vier stoelen liggen. Het scheelt enige uren op de twintig naar Singapore, die we voor de boeg hebben. We zullen daar de reis voor twee dagen onderbreken. Op de cadans van de motoren dommel ik af en toe in. De verzorging in het vliegtuig is niet te overtreffen! We krijgen heerlijke dunne, wollen dekens, want de nacht is koel.

Mijn gedachten dwalen steeds weer naar de kinderen, om dan terug te keren tot dat land waar zoveel herinneringen liggen. Hoe zal het er toch zijn, hoe vinden we het terug? Veel tijd om na te denken is er niet.

Na een tussenlanding van een uur in Bahrein vliegen we door naar Bangkok. Het is intussen licht geworden, de stewardessen lopen weer rond met de roze badstofdoekjes, die ze opgerold gloeiend heet of ijskoud met een tangetje aanreiken. Je knapt er ongelooflijk van op. Heel de reis door herhaalt zich dit. Een heerlijk ontbijt met vruchtensap volgt, en heel de dag door ontbreekt het ons niet aan drankjes en lekkere hapjes.

Maar in Bangkok is de lucht bewolkt en als we 's avonds om zeven uur in Singapore aankomen regent het. Door een zeer drukke, donkere stad waar de autolampen weerspiegelen op het natte wegdek vindt de chauffeur zijn weg naar de buitenwijken waar het Orboroi-hotel ligt. Het is droog geworden maar benauwd. Even kijk ik omhoog; de lucht is nog

steeds bewolkt, geen sterren, ook het Zuiderkruis is onzichtbaar.

We hebben een heerlijke, gekoelde kamer en hoewel de reis
meeviel, is het nu wel erg lekker om in een echt bed te liggen.
De volgende morgen schijnt de zon, maar de lucht is niet echt
blauw, zoals we dat kennen van vroeger. Dwalend door de
Chinese wijk bezoeken we de volgende morgen een mooie,
oude Hindoetempel waar we natuurlijk onze schoenen voor
uit moeten trekken.

Ik voel me weer thuis in de tropen, zou veel meer van Singapore willen zien, maar de tijd ontbreekt. De volgende dag
staat de Singapore-Air-Lines weer voor ons klaar om ons
naar Jakarta te brengen. Dezelfde service, dezelfde roze
doekjes, dezelfde vriendelijkheid, maar onze aandacht is
gespannen gericht op het moment dat we de kust van Java
zullen ontdekken. Télkens is er een wolkendek dat het zicht
belemmert, maar dan is daar opeens de kustlijn. Het duurt
nu niet lang meer of we zetten voet op Indonesische bodem.
Voor Dick en mij is het de derde maal. Vroeger kwamen we
met de boot. De eerste keer vol verwachting in een vreemd
land, de tweede maal met een innerlijke blijdschap weer
'thuis' te komen. En nu?

Voor we het goed beseffen staan we nog wat onwennig op het
vliegveld. We zeggen weinig, hebben ieder onze eigen gedachten.

Ik denk aan de Engelse boot, die ons vierendertig jaar geleden wegvoerde naar Singapore, aan de gevoelens van toen,
hoe ik met zoveel pijn in mijn hart tot het laatste toe tuurde
naar het land dat zo onveilig was geworden. Meer dan één
generatie is voorbijgegaan, de strijd om de vrijheid is al lang
beëindigd. Het is nu Indonesië, waar we als gast komen.

In korte tijd rijden we naar het andere, nationale vliegveld
Kemajoran, om van daaruit met de Garuda verder door te
reizen naar Soerabaja. Er is niet meteen aansluiting, maar
het wachten in de volle vertrekhal is boeiend door de verschillende mensentypen die we voorbij zien gaan. Behalve
enige Amerikanen en Engelsen zijn het voor het merendeel
Indonesiërs en Chinezen. Ik zie veel Westerse kleding. Het is
niet meer het oude, vertrouwde beeld van hoofddoek, sarong
en jasje voor de mannen, sarong en kabaja voor de vrouwen.

De kinderen dragen aardige jurkjes, kort en vlot. Ik realiseer me dat ze er leuker uitzien dan onze kleine meisjes in Holland met hun te lange en daardoor soms zo ouwelijke rokjes. Lange haren, spijkerbroeken en T-shirts — de jongeren dragen hetzelfde als bij ons. Later, wanneer we zien hoeveel fietsen en vooral brommers in omloop zijn, begrijpen we dat deze kleding praktischer is en ook goedkoper.

Opvallend zijn ook de mooie koffers die velen meenemen, meestal op een zeer klein en praktisch tweewielig wagentje.

We worden opgeroepen voor het vliegtuig naar Soerabaja, dat al snel opstijgt.

Ademloos zie ik onder me de sawah's voorbij glijden, als een legkaart, licht- en donkergroen. In de verte doemen de bergen op, maar telkens voorbijtrekkende wolken ontnemen ons het uitzicht.

Dan, na vijf kwartier, landt de Garuda op het vliegveld van Soerabaja; het voorlopige einddoel is bereikt.

We charteren een taxi om ons naar de benedenstad te brengen, waar we mogen logeren in het zendingsziekenhuis Mardi Santosa.

Zo ik al een voorstelling had van een totaal veranderde Aziatische stad, de werkelijkheid is tienmaal erger. Ik herken de straten niet meer en verbijsterd kijk ik naar de mensenmassa's, de vele winkeltjes en naar het krankzinnige verkeer. In de volgende dagen ontdekken we dat niemand zich houdt aan verkeersregels. Links en rechts wordt ingehaald. Een alles overheersende kakofonie van geluiden, afkomstig van aanzwellende motoren, toeterende auto's en schreeuwende betjah-bestuurders.

Het komt als een lawine over ons heen. Maar hoe kan het ook anders in deze stad waar het aantal inwoners van 250.000 toenam tot 2.500.000?

Bedelende vrouwen en kinderen midden in deze chaotische heksenketel. Hebben ze beschermengelen die hen bewaren?

Ik zie armoede en verpaupering en met dit onthutsende beeld voor ogen zwenkt de taxi de poort van Mardi Santosa, het zendingsziekenhuis, binnen.

We worden verwacht en hartelijk verwelkomd door de Chinese doktoren die er werken. We hebben een ruime kamer. Een zorgzame baboe brengt ons meteen een koele dronk.

Later ontmoeten we dokter Fiep Kruyt. Zij is de enige Nederlandse arts, staat al jaren aan het hoofd van het ziekenhuis. Ze heeft de Indonesische nationaliteit (warga negara) aangenomen en voelt zich een met alle collega's, personeel en patiënten.

Later op de avond is er in het huis van dokter Tjandra, de toekomstige directeur van het ziekenhuis, feest ter ere van de verjaardag van zijn zoon. We worden meteen uitgenodigd en horen er als vanzelfsprekend bij. Er zijn collega's met hun vrouwen. De stemming is vrolijk en feëstelijk. Na het zingen van 'happy birthday to you' blaast de jarige de veertien kaarsjes uit. Er staat een tafel vol ingepakte cadeautjes. Uitpakken en zien wat er in zit komt pas later, als alle gasten weg zijn.

Leuke, feestelijk geklede kinderen lopen rond. In de box staat een schattig kindje. We horen, dat het aangenomen is door dokter Tjandra en zijn vrouw toen het veertien dagen was. De eigen moeder wilde het kind niet langer hebben, 'het neusje was te plat'! Met veel liefde wordt dit kleintje omringd door het hele gezin.

Een uitgebreide rijsttafel staat klaar. Ondertussen ontmoeten we veel mensen, enkelen hebben in Holland gestudeerd. In de volgende dagen valt ons de grote saamhorigheid op, die onder al deze zendingsmensen bestaat. Aan tafel ontmoeten we telkens een andere wachtdokter, jonge mensen met veel ambitie voor dit waarlijk niet altijd eenvoudige werk dat soms onder primitieve omstandigheden gedaan wordt.

WEERZIEN MET HET VERLEDEN

Het weer is triest als we de volgende morgen op weg gaan naar de begraafplaats Kembang kuning, op zoek naar Ella'tjes grafje. Er valt een gevoel van beklemming over me, als Dick navraag doet en na lang zoeken bij de administratie de naam wordt gevonden met de gegevens, het nummer. Wie komt nu, na negenendertig jaar, nog zoeken naar een kindergrafje? Ik heb het nummer niet nodig, zou immers blindelings aan het einde van de laan bij die bocht het tweede grafje van links kunnen vinden! Opgelucht haal ik adem als ik zie dat de ingangspoort dezelfde is gebleven, maar dan . . .

Binnen de poort staat een autobus, knetterende brommers, een ijsverkoper, warongs, bedelende kinderen, opgeschoten opdringerige jongens, die ons de weg willen wijzen. Verderop houdt een politieman alles en allen min of meer in de gaten. Zwijgend gaan we de laan door, die Dick en ik eens samen gingen, maar er zingen geen vogels meer, de tjemara's zijn weg!

Hoge, pompeuze grafmonumenten zijn er opgetrokken en er is lawaai, waar eens die serene rust was. Zijn we hierheen gekomen om dit te zien en moeten we straks terug, alleen met deze herinnering?

Maar de kindergraven, waar zijn ze? Feilloos weet ik de plaats te vinden, maar het hoog opgeschoten gras maakt het zoeken moeilijk. Dan staan we bij het grafje. Het is ongeschonden, maar ligt als verloren tussen alang-alang (hoog opgeschoten gras). Het doordringend lawaai van de eens zo rustige laan, die nu doorgetrokken is naar de kampong, overstemt elk geluid. Hebben hier eens, op die vredige zondagmiddag, terwijl ik Gods aanwezigheid heel nabij wist, de woorden geklonken: „Hij zal de lammeren in Zijn armen vergaderen en in Zijn schoot dragen"? Die troost lijkt nu zo ver weg. Hoe kan ik ooit dit beeld terugvinden?

We staan bij de laatste rustplaats van ons kind. Ik lees de onduidelijk geworden woorden, gegrift in de steen: „in Christus geheiligd en als Zijn kind aangenomen". Deze zekerheid schijnt nu ver weg.

Waarom blijft die pijn een leven lang? Waarom doe ik me-

zelf deze kwelling aan? Bewust dring ik deze gedachten terug. Nu niet verder denken . . .
Verslagen draai ik me om en zoek Dick. Hij is weggegaan en als ik hem heb ingehaald zie ik, hoe het terugvinden van deze plaats hem heeft aangegrepen. Hij neemt mijn hand en zwijgend gaan we samen de lange weg terug.
Het wordt een dag vol emotie. Na enig zoeken vinden we het huis met de garage in de vrouwenwijk, waar ik met de kinderen in 1943 geïnterneerd werd. Ja, dit is de garage, daar is niets aan veranderd, zelfs de deuren zijn dezelfde gebleven. Het huis is moderner geworden, met een gesloten voorgalerij. In die garage stond het stapelbed met haaks erop de drie kinderbedjes. Wat hebben tante Lien en ik dikwijls op het muurtje gezeten voorbij de oprit.
Weer registreer ik alles wat we er meemaakten. Angst, toen we er op een middag uitgedreven werden door de Jappen, met achterlating van Dickie en Elsemiekje. In deze Sambasstraat schijnt de tijd te hebben stilgestaan. De huizen hebben weinig verandering ondergaan, de tuinen zijn goed onderhouden. Alleen, nu wonen er andere mensen, moet ik telkens tegen mezelf zeggen.
Het is moeilijk na zoveel jaren, waarin we de overgang van koloniaal bewind naar zelfbeschikkingsrecht niet meemaakten, de brug te slaan van het heden naar het verleden. Dick junior, met de fijngevoeligheid hem eigen, blijft wat achteraf, neemt foto's. Hij weet, dat we één van de belangrijkste schakels terug hebben gevonden.

Ons oude huis is het volgende doel. Hoe zou het zijn? Natuurlijk, er zullen nu welgestelde Indonesiërs wonen. Toen wij er uit werden gezet trok de Japanse marine er in en we weten niet wat er later van geworden is.
We kunnen het nauwelijks vinden, rijden er driemaal aan voorbij zonder het te herkennen. Het mooie Scheepmakerspark heeft plaats gemaakt voor een rotonde, waar het verkeer langs raast.
Als we het huis eindelijk vinden, zien we dat er tweedehands auto's staan. In de tuin is alles weg wat ons aan een gelukkiger tijd zou kunnen herinneren. De mooie flamboyant is er niet meer, de boom met z'n stralende oranje-rode bloemen is

omgehakt. Wat eens het grasveld was, is nu een kale, dorre grond geworden waar onder een afdak oude brommers en motorfietsen staan. Geen heester, geen bloem is meer te vinden. De bougainvilles die eens rankten om het raam van de studeerkamer en het lage muurtje aan de voorkant van de tuin bedekten, zijn weg.

En het huis? Het platje (terras) met de bloembakken is nog intact, al zijn de laatste nu bezaaid met afval en allerlei rommel. Hier zaten we 's zondagsmorgens vroeg om zes uur koffie te drinken.

De verrukkelijke tuin, het uitzicht op het park met de machtige waringins (de heilige boom), die later door de Japanners werden omgehakt, de stralende blauwe lucht — we woonden er met de kinderen als in een paradijs van vrede en geluk.

De eigenaar, hij woont in het paviljoen, dat bij zoveel huizen hoorde, is vriendelijk. We mogen het huis zien. Aarzelend gaan we naar binnen. Verpauperd, uitgewoond, een donkere gang die er nooit was, maar nu ontstaan is door de in hokjes verdeelde kamers. Het is een somber huis geworden, waar veel licht wordt weggenomen door muurtjes en houten wanden. Overal is het benauwend vol!

Een magere, slecht uitziende Javaanse vrouw komt ons tegemoet. Ze vertelt, dat ze met vijf getrouwde kinderen hier woont. Veel kleine kindertjes komen nieuwsgierig kijken. Hier wonen tweeëndertig mensen, op de grens van armoe. De vrouw is vriendelijk, wil koffie voor ons maken, maar we gaan snel weg en beloven haar nog in dezelfde week terug te komen met lekkers voor de kinderen.

Na een paar dagen zijn we er weer en nu maakt ze koffie. Dick kon het niet meer aan en is thuisgebleven. Dick junior en ik zijn samen en zitten in een kleine ruimte. Dan komt de koffie en de vrouw vertelt. Bijna alle zoons zijn werkeloos, zij is weduwe en leeft van de ene dag in de andere. Haar ogen zijn dof en vreugdeloos. Na de Japanse marine heeft de kempeitai (te vergelijken met de Duitse Gestapo) hier gezeten. Mensen werden vermoord, gemarteld, overleefden het niet. Soms werden ze in de tuin begraven, af en toe vindt men nog overblijfselen. Het verhaal is deprimerend en luguber. Wat een uitzichtloos bestaan. Hoe kan het ook anders? Ontelbaren zijn naar de stad getrokken, in de hoop werk te vinden dat er voor de meesten niet was. De mensen hier hebben nog een dak boven hun hoofd, maar hoevelen missen ook dat!

Ik denk aan de volgepropte, kleine kamponghuisjes, het gebrek aan water, de vuilnishopen. Natuurlijk, in de grote steden centraliseert zich de grootste werkloosheid.

Als we weer terugrijden naar de benedenstad langs de overvolle winkeltjes, de druk bevolkte straten, corrigeer ik mijn eerste indrukken. De kinderen zien er niet slecht uit, de mensen lijken opgewekt. Of is dit alleen de bovenlaag en ligt daaronder de, althans voor het oog, verborgen verpaupering zoals in ons oude huis? Wennen we misschien al een beetje aan deze Aziatische stad?

Als we in de middag een ander deel van de stad doorkruisen zien we veel nieuwe gebouwen, standbeelden, vrijheidspalen en monumenten. Toch is het overal rommelig en de gesloten hekken om alle erven en tuinen wekken de indruk van een stad, die in paraatheid is gebracht. Het schijnt bittere noodzaak te zijn dat alle ramen tralies hebben, alle deuren gesloten zijn, de meeste hekken voorzien van een hangslot dat eerst geopend wordt als je aanbelt!

Vroeger was er nergens een bel, maar het is nu niet meer als vroeger. Er wordt gestolen, men is er op bedacht en heeft maatregelen genomen.

Het land is bezig aan zijn opbouw. Hoe kunnen wij verwachten dat ze dit zullen doen volgens onze Westerse maatstaven? In het zendingsziekenhuis praten we veel met de artsen, de mensen die er werken, de chauffeurs die al wat ouder zijn. Er is veel corruptie. In Jakarta komt het meeste geld in handen van enkelen, het wordt onthouden aan de bevolking die het zo nodig heeft. Hoe kunnen wij, die hier maar enige weken zijn, ons een oordeel vormen over de situatie in dit land, over de politiek, de economische belangen, de mensen die aan de top zitten en aan de touwtjes trekken?

Telkens komen we terug in het ziekenhuis en vinden daar een oase van rust. Buiten dendert het verkeer, op het grote erf verdringen zich de mensen om medische hulp. Tot in de nacht zijn de banken bezet met wachtenden. Ze zijn geduldig, want ze weten dat ze nooit tevergeefs aankloppen. Dit is óók Indonesië: eenvoudig de opdracht uitvoeren ten bate van de medemens, zonder scrupules, zonder weerzin, zonder ongeduld.

In de nachten is er de dialoog met God — of liever de monoloog, want ik kan niet klaarkomen met het ontluisterde kerkhof, de vergeten kindergraven, de steen op Ella'tjes graf, die alles afsluit. De oude angst voor beslotenheid, voor een kleine ruimte waar geen uitweg en ontsnapping mogelijk is, staat weer op. Het houdt mij gevangen en ik weet er geen raad mee . . .

Dan wordt het Pinksteren. Om vier uur 's nachts staan we samen met artsen en personeel in de achtertuin van het ziekenhuis. We steken onze kaars aan bij de vlam van de ander totdat we in de lichtkring staan. Het Pinksterevangelie wordt gelezen in vijftien verschillende talen. Niet opvallend, niet spectaculair is dit korte samenzijn, het kleine onderdeel van die wereldwijde kerk, maar een klein groepje mensen belijdt hier haar geloof in de opgestane Heer en probeert de zendingsopdracht te vervullen.
Later op de dag, in een gesprek met dokter Kruyt, zegt ze: „De kerk heeft dikwijls geen raad geweten met het Pinksterfeest. Met Kerstfeest zijn we toeschouwers, met Pasen ook, maar met Pinksteren worden we medewerkers."
Medewerkers, elk met een eigen opdracht de boodschap van de Verrezene uit te dragen! Maar die boodschap is toch leven vanuit de Opstanding? Hoe kan ik dan blijven staan bij dat gesloten graf? Iets van de nevel die om me heen is trekt op, de contouren van het lege graf in de hof van Arimathea van de Opgestane Heer worden weer zichtbaar.
Als we enige uren later weer in onze oude kerk zitten, dan kan ik opnieuw belijden: „Ik geloof de wederopstanding van het lichaam en een eeuwig leven!" Het perspectief is er weer.
Anton van Duinkerken schreef eens — en ik kan het alleen maar nazeggen: „Al wat ik geloof en belijd vat ik samen in deze mijn opperste wet: mijn ziel zij een juichende groet aan mijn God, want ik ken geen volmaakter gebed."
'Geredja Gereformeerd Soerabaja' staat boven de ingang

van de kerk. Wat hebben we hier veel herinneringen. We zijn er getrouwd, de kinderen zijn er gedoopt en veel preken, die ik er hoorde, menig gebed klinkt in mijn ziel nog na ...
Het is alsof er geen veertig jaar tussen ligt. De kansel staat er nog ongewijzigd, de stoelen zijn dezelfde, alleen is het aantal groter geworden. Het is nodig, want de kerk is vol. De dienst, geleid door een Chinese predikant, is feestelijk, er wordt geestdriftig gezongen. Kinderen worden gedoopt, hele families zijn er bij tegenwoordig. Zo zal het vandaag zijn in veel kerken over heel de wereld, zo gaat het al bijna 2000 jaar, zo wordt de fakkel van het Pinkstergebeuren doorgegeven en brandende gehouden.
We zijn in de kerk de enige gasten uit Nederland. We worden herkend en na de dienst ontmoeten we de predikant en vinden veel contacten terug.
's Avonds zal er in de gemeentezaal achter de kerk een bijeenkomst zijn. De vrouwelijke predikant, die hier al vijf jaar staat en deze week in Malang is getrouwd, wordt feestelijk ingehaald. De uitnodiging om te komen — we horen erbij, zeggen ze — nemen we graag aan.
De zaal is 's avonds tjokvol, er zitten driehonderd mensen. Het kinderkoor doet min of meer Westers aan, evenals de liederen — weliswaar in de 'Bahasa Indonesia', de landstaal gezongen, maar ook in de melodie is veel van het Westen overgenomen. Op het podium is een band opgesteld die al net zulke harde muziek maakt als bij ons. De meisjes, die ter ere van het bruidspaar zingen, brengen een volume tot stand dat tot ver in de omtrek hoorbaar is. Men is enthousiast en we constateren dat deze jeugd in wezen niet verschilt van de onze.
Het pas getrouwde paar komt binnen. De bruid draagt een lange, Europese jurk. Jammer, de mooie klassieke Chinese dracht zou dit ranke figuurtje charmanter hebben gestaan. Ook de bruidegom en de wederzijdse Chinese ouders hebben zich aangepast. Ik merk dat weinig aanwezigen zich nog iets gelegen laten liggen aan de zo sierlijke dracht van hun land. Een stuk cultuur gaat hiermee verloren. In de komende dagen zullen we telkens, aan kleine dingen soms, constateren dat de bevolking zich min of meer los maakt van de eigen 'adat'.

In de pauze eten meer dan driehonderd mensen van de verrukkelijke Indonesische gerechten, die op drie tafels langs de muren zijn opgetast. Vorstelijk opgemaakte schotels met nasi kuning (gele rijst) en de meest heerlijke hapjes en vruchten. Alles verzorgd en gekookt door de Gedung wanita (Vrouwenvereniging). En er tussendoor drinken we roze, zoete limonade, van dat suikerbeestenroze! Weinig glazen vallen om, hoewel ze op de grond en op stoelen staan!

Als we rondlopen en telkens bekenden ontmoeten, wordt er aan mijn arm getrokken. Een zeer oude, tandeloze vrouw in een mooie sarong en kabaja — één van de weinigen — zegt me te kennen van vroeger en vertelt in grote lijnen haar levensloop. Het is moeilijk haar te verstaan in het rumoer van veel pratende mensen en de oorverdovende muziek. Telkens weer gaat ze verder, lief mensje, haar hele wezen is naar binnen gekeerd, gericht op het verleden. Ik had haar zo graag in alle rust nog eens opgezocht, maar er is geen tijd meer, het programma is overvol deze week.

Een stuk herkenning, saamhorigheid en verbondenheid nemen we mee als we in de late avond met de kerkauto worden teruggebracht. Dick junior ondergaat al deze belevenissen met de openheid en blijdschap hem eigen. Hij praat met iedereen, voelt zich niet vreemd in deze samenleving. Eigenlijk was er nog geen moment waarin hij niet geïnteresseerd was, waar we ook kwamen. Wil het geboren zijn in de tropen toch iets aangeven van een onzichtbare band die met dit land ontstaat?

Wij rijden naar Malang, de volgende dag. Het is min of meer een eentonige weg, waar op grote matten langs de berm van de rijbaan koffiebonen liggen te drogen. De chauffeur wijst ons op de koffiestruiken. Het zijn geen koffieplantages en waar zijn de schaduwbomen, die er noodzakelijk tussen horen willen de planten optimaal vruchten opleveren?

In Malang is niet zoveel veranderd; in sommige wijken tekent zich nog iets af van vroeger.

Maar Batoe, het bergdorp dat er boven ligt, is onherkenbaar. Eens stonden hier mooie vakantiehuizen. Ze zijn er niet meer, of zo verwaarloosd dat niemand ze bewoont. Het is zelfs moeilijk om ergens een glas koffie te drinken. Wat een

117

ongezellige puinhoop!

In een slokan (slootje) spoelt een groenteverkoper zijn sla in het vieze water waarin gewassen en gedefaeceerd wordt. Wie let daar op? Zo deden ze het jaren geleden ook!

We blijven er niet lang. De zon verdwijnt en maakt alles nog triester. Zo snel mogelijk laten we dit verwaarloosde oord achter ons en proberen Songgoriti te vinden.

Zware regenwolken pakken zich samen als we in de diepte, langs een kronkelende bergweg, het grote zwembad zien liggen. Onder een hevige regenbui rennen we naar het restaurant. Alles is hier nieuw. Het is bijzonder goed opgezet. uitnodigende zitjes en prachtig uitzicht. Het zwembad ligt iets lager, als gevat in een scala van kleuren. Hoewel het stroomt van de regen en het kil is geworden, genieten we eindeloos van deze overdadige plantenweelde.

De zon laat verstek gaan. Het is pas één uur in de middag, maar het blijft donker en bewolkt. Juist als in Europa schijnt ook hier het klimaat te veranderen. Heeft de ontbossing, die hier als overal in de wereld ongelimiteerd doorgaat, daar iets mee te maken?

We willen Trétés nog zien, het vroeger zo beeldige dorpje boven Soerabaja, waar zoveel Nederlanders woonden die hun werk in de stad hadden. De teleurstelling is groot: Trétés is onherkenbaar geworden. Er is wel een mooi groot hotel gebouwd, Hotel Tanjung, met zeer efficiënte gastenkamers, een smaakvolle lobby, een mooi aangelegde tuin, maar van de eens zo pittoreske houten bungalows op de berghellingen, de schilderachtige tuinen, omzoomd door hibiscus, bougainvilles en bruidstranen is niets meer te vinden.

Bij de tweede politionele actie is de tactiek van de verschroeide aarde toegepast. Geen huis werd gespaard. Nieuwe huizen zijn hier en daar gebouwd, maar Trétés is Trétés niet meer, het mist het karakteristieke van vroeger.

'Nu wonen daar andere mensen', geen titel geeft dit beter weer dan juist die van het boek van Margreet Ferguson. In Trétés zouden we later gaan wonen als de kinderen volwassen zouden zijn. We hebben immers nooit het verlangen gehad, voorgoed terug te gaan naar Holland. Maar waarom is behalve het hotel alles zo verwaarloosd en zijn de wegen zo slecht onderhouden?

118

Het is vandaag méér dan eens een troosteloze tocht.

Op een dag kunnen we met de zendingsauto mee naar Nongkodjadjar, eens een geliefd vakantieoord op 1100 meter hoogte. We nemen de uitnodiging graag aan. Er is een polikliniek, uitgaande van Mardi Santosa, die eens per week bezocht wordt door een jonge Indonesische arts.
De eerste anderhalf uur gaat het over vrij goede wegen, dan moeten we de bergen in. De auto schudt en schokt door het ontstellend slechte wegdek vol diepe kuilen en grote stenen. De chauffeur zigzagt er omheen, maar kan niet voorkomen dat we min of meer wagenziek worden. Hij kan niet boven een snelheid van 5 tot 10 km per uur uit komen, maar na ruim een uur hobbelen worden we in de tuin van het kliniekje hartelijk verwelkomd door de mandoer (manager), die ons met uitgestoken handen tegemoet komt. Er is meteen verse thee, dé volksdrank in Indonesië!
Het huis ligt mooi op een berghelling. Men laat ons met trots de grote moestuin zien met kool, tomaten, prei, worteltjes en zelfs appelbomen. Het staat er allemaal even fris bij.
In de tuin gerbera's, lelies, orchideeën en amarillis met grote, rode kelken. Het hele huis is omgeven door bloemen in bonte verscheidenheid, met een haag van oranje stefanotis.
De jonge arts is al aan de slag. Dick heeft uiteraard grote belangstelling voor de moeders met zuigelingen en kleuters. Zijn kinderartsenhart gaat open bij het zien van al die hummeltjes en de goed ingebakerde baby's. Hij heeft immers eens zelf een polikliniek geleid, aan de rand van de kampong!
De entourage is wat primitief, maar de mensen worden geholpen. Ze kunnen er vierentwintig uur van de dag terecht, want de kliniek heeft een vaste bezetting: twee vroedvrouwen, twee verpleegsters, een leerling, een mandoer en keukenhulp. Vaak trekken ze er bij nacht en ontij op uit, als er hulp nodig is. Ook is er een kamer voor opname, met vier tot zes bedden.
Een stille hulde aan deze voor menigeen zo onbekende en vergeten groep mensen, die hier midden in de bergen de Pinksterboodschap hebben verstaan.
Verderop ligt een kerk van de Pinkstergemeente en een

daarbij behorend gemeenschapshuis voor conferenties en groepen jongeren. Om het huis heen de meest exotische bomen, die we tot nu toe aantroffen.

Even breekt de zon door de grauwe wolkenmassa en zet het landschap in een zo fascinerende gloed, dat je er stil van wordt. Het uitzicht op de begroeide berghellingen is grandioos. Zal het eenmaal zo zijn op de nieuwe aarde?

Van het oude van vroeger vinden we niets terug. Ook hier zijn de hotels en vakantiehuizen verdwenen. Opvallend zijn echter de eenvoudige kleine stenen huisjes voor de bevolking. Voor velen is dit een verbetering vergeleken met de bamboebehuizing in de kampong.

Er is ook een grote passar (markt) met koeien, paarden, geiten en schapen, die verhandeld worden, veel groenten en een ongelooflijke hoeveelheid kool, vrachtwagens vol!

Er staat een 'Colt', een auto waarin volgens onze begrippen hooguit negen mensen kunnen: twee naast de chauffeur, tweemaal drie op de zijbanken er achter. De Colt is van achter open, maar onze begrippen gelden hier niet, er moeten immers zoveel mogelijk mensen mee. Binnenin tel ik er al elf plus manden, groenten en kippen en er wachten nog drie passagiers. Eén ervan kan nog wel inschuiven op de voorbank als hij tenminste het portier openhoudt. De twee anderen klimmen op het dak, dat al volgestouwd ligt met rollen matten. Levensgevaarlijk met open portier, maar de motor start al en de meer dan overvolle Colt rijdt naar beneden, de berg af.

Dit beeld zullen we nog vaak zien in de stad en straks op Midden-Java. 's Middags rijden we terug naar Soerabaja. Als we de Wonokromo-brug passeren, aan de grens van de stad, eens de plaats waar de Jappen op 7 maart 1942 in alle vroegte binnentrokkken en de waterleiding kapotschoten, zitten we midden in de spitsdrukte. Toeterende auto's, vier rijen dik, rechts en links inhalend, knetterende motorfietsen, brommers en fietsen jakkeren door elkaar. Daar tussendoor betjah's en overstekende voetgangers. Men let niet op snelheid en negeert vaak stoplichten. Op een brommer zien we een echtpaar met een baby van misschien acht maanden tussen de ouders ingeklemd, een klein jongetje van een jaar of twee voorop. Het is bijna donker, maar men fietst meestal zonder licht. Aan de kant staan vrachtauto's geparkeerd, zonder licht en onbemand. Het is een éénrichtingsweg, maar plotseling komt er tegen de stroom in een man met een handkar vol vogelkooien. Hij probeert zijn weg te vinden, windt zich niet op en men gaat hem rakelings voorbij.

„Ik zie zoiets al bij ons gebeuren," zeg ik, maar we zijn niet bij ons! We zitten midden in het krankzinnige verkeer van een Aziatische stad. Er gebeuren de nodige ongelukken, maar men is fatalistisch, dat is dan de wil van Allah: 'Takdir'!

Veilig bereiken we tenslotte het ziekenhuis, waar als altijd nog een rij mensen geduldig wacht tot ze aan de beurt zijn.

Op een middag lopen Dick junior en ik door de kampong. Armoe, kleine onderkomens, bedelende kinderen. Als we even blijven staan worden we meteen omringd door opgeschoten jongens. Ik voel plotseling dezelfde angst van vierendertig jaar geleden. Er is geen reden voor, maar ik wil weg. Met mijn fototoestel ben ik toch immers de rijke westerling, die plaatjes maakt van de triestheid van hun bestaan en verpaupering, zonder uitzicht op iets beters. Ik neem geen enkele foto, kijk alleen maar in het voorbijgaan naar de kinderen, spelend in de vieze slokan, tussen afval en vuil.

Niet overal treffen we ditzelfde beeld aan. We bezoeken een lagere school, waar juist pauze is. Tientallen goed geklede kinderen drommen om ons heen, spontaan. Ze vertellen van alles en vinden het prachtig, dat we foto's nemen. Ze verdringen elkaar om maar vooraan te staan. We praten met het hoofd van de school, een oudere man, die nog een beetje Nederlands kent en nog veel herinneringen heeft aan vroeger. Hij is Indo-Europeaan. Verbeeld ik het me of klinkt er iets van heimwee door in zijn stem? Hij heeft werk aan deze school, één van de gelukkigen, want hij hoort immers tot die grote groep Indo-Europeanen, die tussen wal en schip zijn terecht gekomen! De meesten hebben de Indonesische nationaliteit (warga negara) aangenomen, maar worden in feite nooit erkend met alle consequenties van dien. Ze blijven de 'outcasts', voelen zich Nederlander, maar zijn verstoken van alle rechten.

Toch is ook voor veel Javanen het leven moeilijk. Menig kind zwerft op straat omdat de vader geen werk heeft en er geen geld is om naar school te gaan.

Leerplicht is er nog altijd niet en de mogelijkheid kinderen te laten leren, of later te kunnen studeren, moet dikwijls gekocht worden met steekpenningen. Ook bij de minderbedeelde Chinezen is dit het geval. Ze hebben het niet minder moeilijk, werken hard en kunnen geen kant uit.

In het ziekenhuis is onze tijd bijna verstreken, we moeten verder. Er is een band ontstaan met de bewoners; het afscheid is moeilijk. We houden een blijvende herinnering aan hun vriendschap en toewijding, hun blijmoedigheid te midden van een corrupt bestel in een chaotisch land, dat nog jaren nodig zal hebben om uit te groeien tot een stabiele eenheid, zo dit al mogelijk is. Ze gaan eenvoudig door met hun werk in het ziekenhuis dat voor menigeen het centrum is waar ze met hun ziekten en zorgen, maar vooral ook met hun problemen en vragen een open oor en een luisterend hart vinden.

Met de zorgzame, toegewijde baboes is weer die oude verbondenheid, die er altijd al was. Een oudje met een tandeloze, rode sirih-mond (sirih pruimen wordt door veel Javaanse vrouwen gedaan) grijpt telkens mijn hand en zegt met een lange uithaal: ,,Slamet jalaaaaan njonjaaaaah!" Haar ogen kijken warm in de mijne en ik voel me dankbaar voor dit gebaar. Ze heeft begrepen hoe zwaar het mij valt, hier weg te gaan. Heeft haar eenvoudige hart dit aangevoeld? Ze heeft de vroegere tijd meegemaakt en doet me denken aan mijn oude kokki, en ik weet dat er in wezen niets veranderd is.

Van de artsen en hun vrouwen, de zo zorgzame, hartelijke Trees, die het beheer voert over de huishouding en administratie en zoveel voor ons mogelijk maakte, nemen we hartelijk afscheid.

We laten Java enige dagen achter ons, om op Bali de vele indrukken van de afgelopen weken een beetje te verwerken.

CONTACTEN MET HET VERLEDEN

Bali – Het eiland der demonen!
Kort voor de tweede wereldoorlog hebben Dick en ik het bezocht. We hebben het gezien in al zijn schoonheid, zijn rijkdom aan oudheden en tempels, en iets geproefd van zijn eeuwenoude cultuur. Dagenlang hebben we gezworven over dit eiland. Wat was het, dat dit land zo aantrekkelijk maakte, maar als het donker werd een sfeer opriep die je deed huiveren? Er was iets ondefinieerbaars aanwezig, iets voelbaar van de duistere machten, de 'boze geesten in de lucht'. Er is immers meer tussen hemel en aarde dan wij kunnen bevroeden. Nergens is het dagelijks leven zo doortrokken en verweven met godsdienstige ceremoniën en gebruiken als op Bali.
Eindeloos hebben we de invloed ondergaan van dit geheimzinnige eiland. Het was er rustig en vredig tot diep in de kampong zolang het dag was. In de avond en nacht was er dat onzegbare, dat je beangstigde . . .
We genoten van de vele dansen, sierlijk en gracieus, maar niets was fascinerender dan de 'Ketjak', de zogeheten apedans, uitgevoerd door eenvoudige boeren, zo van het land komend. In een grote kring zaten ze op een tempelplein rondom een brandende fakkel.
De 'Ketjak' of apedans is een traditioneel spel op Bali, waarin toneel en dans zijn verenigd. Het gegeven is ontleend aan de 'Ramayana', een oud Hindoeïstisch heldendicht. Een ontvoerde prinses wordt door haar geliefde en een apeleger uit de handen van een demonenkoning bevrijd. Oorspronkelijk was het een mannenkoor, dat samenwerkte met een meisje dat ze in trance moesten brengen. Het symboliseert de aloude strijd tussen goed en kwaad.
In uiterste concentratie en in een adembenemend ritme werd het vertolkt door deze mannengroep. Vier uur lang hebben we dit grandioze spel gevolgd, als enige Europese toeschouwers, midden in de kampong.
Het eindigde abrupt. In enkele seconden waren de spelers verdwenen, terwijl wij, nog volkomen onder de ban van dit gebeuren, naar het nu lege tempelplein staarden.

Bali kun je alleen maar beléven. We dwaalden urenlang langs de vele tempels, lazen de boeiende sagen, ondergingen de invloed van de wonderschone kunst, lieten ons vertellen over de oeroude tradities. Ook in deze dagen zijn we nog getuige van een apedans, maar het mist de bekoring van vroeger. Het wordt nu uitgevoerd in een daarvoor bestemde ruimte en is helemaal ingesteld op toerisme. We zitten in een keurige rij op nette stoelen en de dans is teruggebracht tot een uur.

Nu, na zoveel jaren zijn we weer op Bali. Wat verwachten we ervan? Als we op het vliegveld landen en door Den Passar, de hoofdstad, rijden is het druk. De vele tempels zijn bijna onzichtbaar door de winkeltjes die er voor staan, de waren tot op straat uitgestald. Ook hier veel lawaai, druk verkeer. Snel rijden we door naar Kuta Beach, twaalf kilometer verder, dat aan zee ligt.

In een verrukkelijke tuin wacht ons een bungalowtje, vlak aan het strand. Hier is nog iets bewaard gebleven van de rust van jaren geleden. Maar zijn we nog altijd zo westers georiënteerd, dat we verwachten aan het strand te kunnen liggen in een strandstoel? Een stuk steen, een muurtje, een oud afgodsbeeld, daar moeten we het mee doen, want we zijn immers in een Aziatisch land?

Maar de zee is diepblauw, de stroom is sterk, zodat zwemmen niet ongevaarlijk is. Eindeloos kan ik kijken naar de aanrollende golven die stuk slaan op de branding. Hier vinden we nog iets terug van vroeger, al is het ook aan het strand met zijn vele palmen en schaduwgevende bomen een bedrijvigheid van koopvrouwen met batiks, kinderen met ansichtkaarten, mannen met kunstvoorwerpen.

Het is boeiend met hen te praten, de mensentypen te analyseren.

's Morgens vroeg zitten we op de kleine voorgalerij en drinken de tropensfeer in. We zijn niet te verzadigen, omdat we weten hier niet weer terug te komen. De lucht is nog vochtig na de koele nacht, maar een vogel zingt, de witte kamboja bloeit.

In de avond, onder een heldere sterrenhemel, lopen we langs het strand. Het is nu stil, alleen de branding is hoorbaar en de zee zingt haar eigen lied, alleen verstaanbaar voor wie met zijn hele hart luistert.

Hoe komt het dat de beklemming van vele jaren geleden er nu niet meer is? Heeft de geschiedenis, de strijd om de vrijheid, de boze geesten verjaagd?

Nog een paar dagen en dan vliegen we terug naar Midden-Java met zijn vele herinneringen.

's Avonds bereiken we Semarang. Het is al laat als we door de drukke stad rijden. Het is alsof alle mensen buiten zijn, de straten zijn overvol. Een taxi zal ons naar Bandungan brengen — 800 meter hoog, boven Ambarawa.

Hoeveel vrouwenkampen waren er in en om Semarang tijdens de oorlog? Hoeveel vrouwen stierven hier aan uitputting? Ambarawa! De naam zal voor altijd verbonden blijven met de Japanse vrouwenkampen, de vele barakken. Ook weken na de capitulatie van Japan zijn daar vrouwen omgekomen door het geweld van de revolutiedagen.

De chauffeur wijst ons het vroegere Hotel du Pavillon. We rijden er snel aan voorbij. Ik zie het in een flits, maar het is nu geen tijd om stil te staan bij herinneringen.

Bandungan! Tante Auk wacht op ons in haar gezellig huis, het is een blije ontmoeting. In het koele bergdorp zitten we de volgende morgen op de ruime voorgalerij van het conferentieoord. De lucht is helder, de bergen staan scherp afgetekend tegen de strakblauwe lucht. Hier dichtbij lagen de vrouwenkampen, in deze paradijselijke omgeving, op dit mooie stukje van Gods aarde streden vrouwen de harde strijd om te overleven of . . . om te sterven.

Nee, nu niet verder denken. Het is zo lang geleden en deze morgen is zo vredig. Het geluid van wanhopige moeders is verstomd, kinderverdriet behoort tot het verleden. Laten we van deze uren genieten. Gedachten laten zich echter niet verdringen.

In de komende dagen zullen we de plaats zoeken waar ik met de kinderen gevangen zat. We zullen de kampen terugvinden, waar zoveel herinneringen liggen.

Tante Auk runt hier het gehele conferentieoord. Ze is nog even flink als in de kampjaren.

125

's Avonds na het eten houdt ze met haar zes hulpen een korte aandacht, of liever gezegd, het wordt met elkaar gedaan. We zitten in een kring in haar kamer en om beurten klinkt een andere stem die de avondsluiting houdt. Er wordt gelezen, gebeden, gezongen, alles in de Bahasa Indonesia, de landstaal.

We willen een tocht maken naar de Boroboedoer, de machtige Hindoetempel uit de negende eeuw, maar hij staat nu in de steigers. Massa's mensen lopen op de steile trap. Het is een op en afgaan van honderden voeten. Gezinnen met kinderen maken er een dagje-uit van. Ze gaan ergens zitten en eten rijst uit een pisangblad. Het is als bij ons in Volendam of Marken. Kunstvoorwerpen uitgestald op de grond, in winkeltjes leerwerk, textiel, beeldjes en gebruiksvoorwerpen. Radio's en kwetterende stemmen overschreeuwen elk ander geluid, mensen verdringen elkaar voor de kleine toko's. Strooien hoedjes in alle vormen en maten worden gepast, gekocht, opgezet.

Eens was hier de stilte en we zagen met een kenner, professor Kraemer, de nu overleden bekende taalgeleerde, het geweldige bouwwerk met zijn boeiende voorstellingen van oeroude verhalen uit een ver verleden: de godenwereld gebeiteld in steen. Dat was de Boroboedoer in zijn oorspronkelijke staat. Nu wordt hij gerestaureerd. De tempel is verzakt en het zal jaren duren voor hij in de oude staat is teruggebracht. Laat me deze gave herinnering bewaren. Ik heb nu niet de minste animo, tussen al die bezoekers de trap op te gaan.

In Jokja is niet zoveel veranderd, hoewel de stad zeer druk is. Tientallen betjah's met beschilderde spatborden geven een vrolijk accent aan het stadsbeeld.

We komen in een zilversmederij waar het van ouds bekende Jokja-zilver wordt gemaakt. Hier werken nog oudere mannen en deze zaak is één van de weinige die vooroorlogs werk aflevert. De jongere generatie heeft niet meer dezelfde liefde en aandacht voor dit mooie handwerk. Het is merkbaar aan de vele produkten die we in andere zaken zien. Ook het Japara-houtsnijwerk mist de verfijning die het vroeger had.

We bezoeken ook een batikkerij. Met eindeloze precisie en geduld worden de patronen aangebracht en heel voorzichtig

126

met verf nagetrokken. Er is duidelijk sprake van westerse invloeden: niet meer alleen bruin in vele nuances, maar nu een bonte verscheidenheid in moderne motieven. We zoeken voor alle dochters een mooi dessin uit voor een avondjurk.

Het is zonnig en zeer warm in Jokja. Veel herinnert ons aan de tijd, toen de zending hier op volle toeren werkte.

Dichtbij Jokja ligt Salatiga. We zien een groot complex gebouwen. Hier is de nieuwe christelijke universiteit, waarin verschillende faculteiten zijn ondergebracht.

De kerken zijn in de oorlogsjaren en daarna, ondanks veel tegenwerking, uitgegroeid tot een levende, actieve gemeente. Gods werk gaat door en kent geen stilstand.

's Zondags zijn we met tante Auk in Solo en maken in de Chinese kerk een trouwdienst mee. De bruid is een oudleerlinge van haar. Na afloop worden we uitgenodigd mee te gaan naar het huis van de bruid, om het bruidsvertrek te zien. Ons westers denken verzet zich hiertegen, we voelen dit als onbescheiden, maar het verzoek weigeren zou een onbeleefdheid betekenen tegenover de Chinese familie.

In de ontvangkamer staat een tafel met onuitgepakte cadeaus. Dan volgen we aarzelend de familieleden van de bruid naar de bruidskamer. De ingang is versierd met vrolijke slingers en bloemen evenals het bruidsbed.

Elk volk heeft een eigen leefwijze en gewoonten en men is zichtbaar verheugd dat wij hun adat hebben gerespecteerd.

Hoewel men van onze komst niets afwist staat er, als uit de grond gestampt, een uitgebreide rijsttafel klaar met de meest heerlijke gerechten. De bekende Indische gastvrijheid!

Ook dit samenzijn geeft een stuk verbondenheid weer tussen mensen van verschillende culturen. Verrijkt met deze ervaring nemen we afscheid.

Op zoek naar herkenning komen we bij de kerk waar ik zoveel diensten meemaakte, ook de pastorie waar professor Bavinck met zijn gezin woonde en waar ik enige malen logeerde is er nog. Wonderlijk is het ook het huis terug te zien waar eens tante Sarien en oom Albert woonden. We worden binnen genodigd door de tegenwoordige bewoner, een docent aan de universiteit. Is hij een moslim, een christen, ik weet het niet. We mogen vrij rondlopen, als ik hem vertel van hoeveel waarde voor mij dit huis is geweest.

De kamers zijn gelijk gebleven in het grote huis waar ook eens een internaat gevestigd was. Bevangen door een vreemde ontroering dwaal ik rond en herken de logeerkamer en het terrasje ervoor. Hier was het, waar het gesprek met oom Albert plaatsvond, waar Dick op had aangedrongen. Hier was het, waar op een late zondagavond alle verdriet en pijn om het sterven van Ella'tje en alle angst om de engte en beslotenheid van het graf een uitweg vond. Nóg hoor ik oom Albert met die wonderlijke blijdschap in zijn stem, alsof hij het zelf beleefde, spreken over de Opstanding, over dat voor hem zo dichtbije perspectief: leven in de nabijheid van de verrezen Heer. Hoe kan ik ooit dit gesprek vergeten? Het heeft me door een muur van afgeslotenheid heengeholpen.

Met gemengde gevoelens dwalen we verder door Solo. Het was altijd een stoffige stad, maar ik was er thuis. Hier klopte het hart van de zending en ik voelde me er nauw mee verbonden. Maar wat is het nu verwaarloosd. De meeste huizen staan er nog, ook de scholen, maar ze zijn slecht onderhouden en de tuinen voor het merendeel onverzorgd. Grote vuilnishopen, waarin vrouwen graaien in de hoop nog iets van hun gading te vinden. Mannen die met een stok allerlei van de grond oppikken en in een zak deponeren — anpikke- lateurs — zoals ze dat vroeger in Amsterdam noemden.

Veel mensen hebben het hier moeilijk. De rijstoogst is al enige malen vernield door een muizenplaag. In Bojolali, dichtbij Solo, is hongeroedeem geconstateerd.

Aan het einde van de middag verlaten we de stad en rijden langs donkere wegen terug naar ons bergdorpje, waar de lucht nog puur en zuiver is.

In alle vroegte zien we de volgende morgen in violette kleuren de zon opkomen boven de bergtoppen. Wat is het moeilijk in deze paradijselijke omgeving je een voorstelling te vormen van die andere wereld, waar zoveel verscheurdheid, pijn en verdriet is . . .

De volgende dag staat het Diëngplateau op het programma. De naam is afgeleid van Dy Hyang — de verblijfplaats van de goden. Het ligt op 2000 meter hoogte. De vele tempels date- ren uit de 9e eeuw en zijn voor het merendeel gewijd aan de god Shjima. Het plateau is een van de mooiste van Mid-

den-Java, met prachtig begroeide hellingen en onvergelijke-
lijk schitterende vergezichten. Maar vandaag verdwijnt de
zon en maakt plaats voor donkere wolken.

Als we na enige uren de hoogte bereikt hebben en aan de
rand van de kokende zwavelbronnen staan, gaat het regenen.
Het blijft bewolkt en van onvergetelijke vergezichten is geen
sprake meer.

In het lager gelegen schilderachtige Wonosobo lunchen we
bij een Chinees, voor we in de stromende regen terugrijden.

Dick junior gelooft nauwelijks meer onze verzekering, dat
het vroeger in de droge tijd van mei tot eind oktober altijd
stralend weer was en een diepblauwe lucht.

Telkens onderbreken we onze dagtochten samen met tante
Auk voor een paar dagen luieren. De zon schijnt weer, de
bloemen geuren en de silhouetten van de bergen staan
scherp afgetekend tegen de wolkeloze hemel. In de nacht zijn
de sterren zichtbaar en het Zuiderkruis straalt helderder dan
ooit.

OMZIEN IN VERWONDERING

Het moeilijkste moet nog komen: de confrontatie met het verleden. Hebben we dit voor het laatst bewaard, het steeds uitgesteld, omdat ik er in wezen bang voor ben? De kampen, Semarang, Hotel du Pavillon, de revolutie, de gevangenis, de opstand in oktober 1945, die we in alle hevigheid beleefden? Zal het terugzien van al deze plaatsen ons misschien bevrijden van een verleden dat nog altijd geen voltooid verleden is?

Gedangan, het eerste kamp in Semarang! Het oude klooster bestaat nog. Als we er na enig zoeken voorstaan herken ik de muur, de kapel, de poort waardoor we binnen kwamen, na meer dan 24 uur met onze kleine kinderen in een geblindeerde trein te hebben gezeten. Toen als gevangenen, nu lopen we de kloostertuin in als vrije mensen. Toen was de tuin verdonkerd door hoge bomen die ons het uitzicht naar de hemel ontnamen. Ik kijk rond, ontdek het Mariabeeld, maar de bomen zijn er niet meer, de tuin is licht en ruim.

Hier stonden we in die donkere nacht, toen er huiszoeking was tot laat in de ochtend: duizenden vrouwen en kinderen. Hier viel het geld uit de boom, daar was het verstopt in de nis van het Mariabeeld. Op deze plaats hoorden we in doodse stilte de vraag van de Japanse commandant tot driemaal toe: „Van wie is dat geld?" Maar hier ook trad die moedige vrouw naar voren. Ze wist op dat moment niet dat ze gevolgd zou worden door meerdere vrouwen. Het beeld herleeft, maar in de serene rust van de kloostertuin is niets meer dat me herinnert aan deze gebeurtenis dan alleen het Mariabeeld.

En toch . . . alle diep weggedoken herinneringen komen naar boven. Ik zie nauwelijks de gerestaureerde zalen, de herstelde muren, de nieuwe deuren, maar ik zie lange britsen in een schemerdonkere zaal, ik zie uitgeteerde vrouwen, uitgemergelde, vreugdeloze kinderen, wanhopige moeders die de strijd om in leven te blijven niet meer aan konden . . .

Ik mag overal rondlopen, maar ik kan in deze geciviliseerde omgeving mijn zaal niet terugvinden, want de indeling is nu anders. Kleine kamers, waar eens lange zalen waren, donker en somber. Eindeloos loop ik over gloeiende empers en probeer me te oriënteren. Het lukt niet.

Moedeloos keer ik terug naar Dick en Dick junior. Dick kent het hier immers niet en Dick junior was te klein om zich iets te kunnen herinneren. Alleen de kapel is herkenbaar. Er wordt een dienst gehouden. Ik kijk even naar binnen, maar zie in gedachten alleen maar bedden met 'herstellenden'. Maar hoevelen herstelden nooit en dragen een leven lang de gevolgen en littekens van de kampjaren mee?

Buiten de poort zie ik nog eenmaal om. Het klooster ligt sereen en onaantastbaar binnen zijn beschermde omheining. Maar tussen deze zelfde muren vochten zoveel vrouwen met de moed der wanhoop om zichzelf en hun kinderen in leven te houden.

De tocht gaat verder naar het 'Halmaheirakamp'. Hebben eens de Jappen deze naam er aan gegeven? Of was het een bestaande wijk in Semarang?

De chauffeur weet de weg. Hij brengt ons naar het einde van de stad. Het moet dezelfde weg zijn, die we eens met onze apathische, doodvermoeide kinderen gelopen hebben voor we het nieuwe kamp zagen opdoemen in de ochtendschemering, vreemd en vijandig.

Plotseling zien we het grote bord 'Halmaheira' en even later staan we voor de grote aloon-aloon (grasveld). Daar stonden we de hele dag in de brandende zon, zonder eten of drinken na die lange nachtelijke tocht door de verlaten en als uitgestorven stad. De kinderen huilden niet, vroegen niets, maar hun gelatenheid was hartbrekend en verontrustend.

Nu staan we na 34 jaar weer op dat grasveld. Ik kijk rond naar de huizen er omheen. Waar was het ziekenhuis waar elke dag meer vrouwen lagen, die de strijd om te overleven hadden moeten opgeven? Zijn het dezelfde huizen? Maar dan zijn ze opgeknapt en niet goed te herkennen. Het hele kamp was omgeven met gedek, dat ons isoleerde van de buitenwereld. Maar waar was de poort en het kantoor van de Jappen? Ik kan het niet meer lokaliseren, want de poort bestaat niet meer. Als voortgedreven loop ik door de straten, ik moet het huisje toch kunnen vinden waar we in dat donkere kamertje geleefd hebben?

De straten zijn slecht onderhouden. Ik loop er doorheen, tot het uiterste gespannen, maar de huisjes zijn allemaal gere-

noveerd en geschilderd en hebben een ander aanzien gekregen. Weer loop ik een straat door, nu voor de derde maal;
hier móet het toch zijn? Maar de nette huisjes met de hekken
ervoor lijken allemaal op elkaar. Dick zoekt mee, probeert
zich te oriënteren en zich de situatie voor te stellen zoals die
was toen hij mij kwam halen, maar hij is hier maar eenmaal
geweest.

Opeens komt een Indonesische vrouw ons achterop en
noemt een naam van iemand die hier in de bezettingsjaren
gewoond heeft. Ze spreekt half Maleis, half Nederlands. Ik
ken de naam niet, er waren immers zoveel vrouwen in die
tijd. Dan vertel ik haar dat ik op zoek ben naar het huisje
waar ik met de kinderen en een vriendin met haar zoontje
geïnterneerd was: „Maar alle huisjes zijn veranderd."

„Het mijne niet," zegt ze. „Komt u maar mee, ik ben een
arme weduwe en had er geen geld voor."

We volgen haar en even later gaan we er binnen. Verbijsterd
kijk ik rond. Ja, dit is de kleine voorkamer en daarachter het
donkere hol van drie bij drie-en-een-halve meter. Het is
exact dezelfde ruimte. Weer sta ik oog in oog met het verleden. Hebben wij hier ooit geleefd tussen deze grijze muren,
in dat volgepropte huis? Ik kan niets zeggen, loop weg uit
deze verstikkende ruimte met zijn vele herinneringen.

Buiten herken ik het grasveldje. Ik zie weer de vrouwen voor
me tijdens de laatste kerkdienst die we mochten houden.
Ook de beerput is er nog die we met onze blote handen
moesten leeghalen. Dan draai ik me om en ga weer terug
naar dat armzalige huisje, zie opnieuw de loodgrijze muren,
de stomme getuigen van zoveel tragiek ...

Daar, in dat kamertje, ruziede een groepje vrouwen om een
paar rijstkorrels en merkte niet, dat in een hoek op de grond
een eenzame oude vrouw alleen haar laatste strijd streed.

En weer, als gebiologeerd, richten mijn ogen zich naar de
muren die hun geheim niet prijsgeven.

Ik praat met de vrouw, terwijl het ene beeld voor het andere
schuift. Ze is vriendelijk, ze wil thee voor ons maken, maar ik
wil weg. Ze begrijpt het niet. Hoe kan het ook, ze heeft
immers deze geschiedenis niet meegemaakt!

Nee, laten we weggaan, weg uit deze beklemmende omgeving. We bedanken haar, dan lopen we terug, de straten door

naar het grote grasveld. Het ligt daar zo stil en onberoerd alsof niet jaren geleden honderden uitgeputte moeders op dezelfde plaats hun doodvermoeide kinderen probeerden te troosten, na die lange nacht.

Ik kijk rond en probeer me voor te stellen waar toch de poort was en het kantoor van de Jappen. Dáár was, meen ik, het ziekenhuisje en aan de andere kant, dicht bij de poort, het hek waaraan twee vrouwen, vastgebonden, half hingen, twee dagen lang, zonder eten of drinken. Ze waren schuldig omdat er geld was gevonden achter een portretlijstje.

Ik neem het in me op alsof niet alles wat zich hier afspeelde als een computer in mijn geheugen opgeslagen ligt. Het is warm, maar ik merk het niet. Langzaam volg ik de anderen die al bij de auto wachten.

Dick vraagt de chauffeur te stoppen bij de gevangenis, want ook deze schakel willen we terugvinden: de plaats waar hij, tijdens de opstand met vele anderen gevangenen genomen, voor het vuurpeloton stond.

Door allerlei bepalingen mogen we niet naar binnen, maar als hij uitlegt waarom hij hier komt, krijgt hij bij uitzondering toestemming de binnenplaats te zien. Wij wachten buiten. Langzaam loopt hij erheen, vergezeld door de directeur van dit troosteloos verblijf, waar in die dagen de Nederlanders opeengepakt in de overvolle cellen zaten. Hij neemt de situatie in zich op, de plek waar de dood zo dichtbij scheen dat hij nauwelijks meer durfde hopen dat hij zijn vrouw en kinderen zou terugzien.

Ik zie hem terugkomen. In zijn ogen leeft de herinnering . . . Wat zijn er veel uren van verschrikking geweest in de jaren dat we gescheiden waren en de angst niet samen konden delen. We wisten immers niets van elkaar! De afwezigheid van wie je het liefst was, werd ervaren als een onzegbare eenzaamheid.

De laatste confrontatie moet nog komen. Hotel du Pavillon. Het ligt midden in de stad. De weg erheen is lang, of lijkt dat alleen maar zo? Komt het omdat de gedachte daaraan zoveel beelden in me oproept? Hotel du Pavillon! Als we er voor staan, ligt het zonovergoten, zo koel en zakelijk, dat het nauwelijks in te denken is dat we dit als een puinhoop achterlieten, toen we in grote trucks met machinegeweren, bemand door de Engelsen, werden weggevoerd, ver van het gevechtsterrein.

Met een schok ontdek ik aan de zijkant plotseling de galerij die de verbinding vormde van de zijvleugel naar het hoofdgebouw. Hier kropen we overheen omdat er telkens op ons geschoten werd.

Het hotel is in dezelfde stijl gerestaureerd, maar als we aarzelend naar binnen gaan brengt de manager ons naar de muur waar de inslag van de granaten nog zichtbaar is. Een stille aanklacht, een trofee, een bewijs van hun overwinning in die ontzettende dagen? We zullen het nooit weten.

We lopen door de lobby, waar in die ergste nacht, toen we allemaal vermoord zouden worden, die Brits-Indiër lag, bloedend tussen puin en gruis, temidden van geweervuur en gierende granaten. Hij vocht ook voor ons en heeft dit later waarschijnlijk toch met zijn leven betaald.

Stil gaan we verder, de gangen door naar de zijvleugel, waar onze kamer was. Niets lijkt veranderd en toch heeft alles, de trap, de gangen, de galerijen, de kamer, een eigen geschiedenis. Het bergt een geheim in zich van radeloze angst, van doodsgevaar, van hoop en troost, van het weten van Gods nabijheid, van uitredding en vlucht.

Ik sta weer op de galerij en zie alles als in een film langs me heen trekken. De vlammenwerper, die mensen wegmaaide, kermende slachtoffers, mensen in doodsnood. Als met onzichtbare draden voel ik me nog steeds met dit verleden verbonden.

Dan sta ik op een andere galerij en zie weer de Engelsen binnentrekken met vlag en wimpel. We dachten toen dat we beschermd zouden worden.

Tegenover het hotel was de missiegit. Die is er nog, evenals het donkere winkeltje waar ik me zo bedreigd voelde en dat het broeinest van de extremisten bleek te zijn.

Nu is het een andere stad en de straten, die eens schoongeveegd werden, zijn nu levendig en vol mensen. Niets herinnert meer aan de ontzetting van die dagen. De oorlog is geschiedenis geworden, maar wat hebben met name de laatste maanden diep ingekerfd in de levens van kinderen en

134

wat dragen velen van hen nog steeds de sporen ervan mee. Het volk heeft zijn vrijheid verworven, waar het zo verbitterd voor gevochten heeft.

Met moeite maak ik me los van al deze nog zo levende beelden.

Het afscheid van de Javaanse manager, die het hotel beheert is hartelijk. We zijn hem dankbaar, dat we ongestoord rond mochten lopen. Hij is niet zo jong meer; weet hij nog iets van die verschrikkelijke dagen? Zo dit al het geval is, laat hij het niet merken, daarvoor is hij teveel een kind van zijn volk. Maar er is geen rancune, noch bij hem, noch bij ons.

We zijn als verloren mensen in de straten van Semarang. We lopen achter gebeurtenissen aan van vierendertig jaar geleden. We zoeken naar herkenning van plaatsen waar een zeer ingrijpende en bewogen periode van ons leven zich afspeelde. Gebeurtenissen die nooit zullen vervagen . . .

Op het ereveld van Semarang staan honderden kruisen. We lezen de namen van zovelen die we gekend hebben, die omkwamen door uitputting, door die dodelijke ziekte, de buikloop, waartegen het uitgeteerde lichaam geen weerstand meer kon bieden. Of zij, die de dood vonden tijdens de revolutie.

Op het speciale vrouwenkerkhof liggen de vele vrouwen die bezweken zijn in de worsteling om te overleven. „Voor mij te laat," hoor ik weer één van hen zeggen, toen de capitulatie van Japan en daarmee het einde van de oorlog bekend werd. Ik tuur over al die kruisen heen — de rijen zijn onafzienbaar — vrouwen en kinderen, zijn ze in de dood verenigd? Weten zij, die hier hun laatste rustplaats vonden, dat één van hun medekampvrouwen hier naar toe is gekomen en hen met eerbied gedenkt?

Een eenvoudige zerk met de woorden: 'Voor de onbekende vrouw 1942-1945' en een bronzen vrouwenfiguur, die een jonge moeder met een kind ondersteunt, houdt de gedachte aan dit trieste verleden levend. Een laatste groet, een laatste blik, dan lopen we terug, weg van de dodenakker . . . Voor mezelf kan ik alleen maar de regels herhalen van dat ontroerende gebed:

Heer, herinner U de namen
van hen die gestorven zijn,
en vergeet niet dat ze kwamen
langs de straten van de pijn . . .

Zijn we hier bewust naar toe gegaan om dit alles opnieuw te beleven, of is het toch om de saamhorigheid en verbondenheid in de strijd, die we eens samen gestreden hebben, een strijd die zoveel offers gevraagd heeft? Waarom mochten wij leven, waar anderen de dood vonden? Waarom was er voor ons een nieuw begin en voor duizenden anderen een bodemloze leegte? Het is de altijd weerkerende vraag, in de loop der jaren teruggedrongen in mijn bewustzijn, maar op de meest onverwachte ogenblikken opduikend. Alleen bij God is het antwoord. Van één ding ben ik zeker: dat Hij aanwezig was met zijn genade in elke stervensnood.
Het kruis staat als een teken van hoop op alle graven, maar hoog daarbovenuit staat het in deze wereld als een teken van genezing, verzoening en barmhartigheid, het kruis waarvan de schaduwen over de wereld vallen, schaduwen vol van beloften.

We komen langs de plaats, waar eens het huis stond van de familie Angenent, die ons na de kampjaren zo gastvrij ontving. Maar het huis is er niet meer; het is verbouwd tot een kerk. Is het een teken, dat de boodschap van genade en heil zal blijven klinken tot het ogenblik, waarop alle onbegrepen en onopgeloste vragen een antwoord zullen vinden?

Het paviljoen, waar we eens twee dagen zo gelukkig waren en waar ik met de kinderen uit verdreven werd, vinden we niet terug. Ook de vlasloods bij de haven is verdwenen. We behoeven niet meer te wachten op een boot, die ons naar veiliger oorden zal voeren. De laatste schakel is gevonden, de ring is gesloten . . .

Bandungan! In de stille ochtend, als de hemel kleurt door de eerste zonnestralen die over de bergen glijden en de lucht zo klaar is na de koele nacht, probeer ik de balans op te maken na deze weken. Voel ik me als een bevrijd mens, die zichzelf een opgave heeft gesteld en, daaraan voldaan, nu afstand kan nemen van het verleden? Heeft het latente heimwee, dat er altijd was in de voorbije jaren, een uitweg gevonden in de confrontatie met dit verleden?

De vragen komen op me af, overspoeld als ik nog ben door alle indrukken. Was het verstandig terug te gaan naar al die plaatsen, die zoveel emoties opriepen en zoveel in me hebben losgewoeld? Was het niet beter geweest een groepsreis te maken, waar je alleen de mooie kant van het land ziet? De Preanger met zijn prachtige bergen, de watervallen en de snelle bergstroompjes, de sawah's, de imposante gebouwen in de grote steden, de vrijheidspalen en de machtige Boroboedoer met aan zijn voet de vele souvenirwinkeltjes? En om dan 's avonds in een comfortabel hotel, onder mooie muziek of een gamelanorkest te genieten van sierlijke dansen, afgestemd op het toerisme?

Ik weet het antwoord maar al te goed. We zouden gedesillusioneerd teruggekomen zijn in Holland.

Terwijl we in de paradijselijke natuur ademloos genieten van dit bergdorp besef ik, dat de stille hunkering zou zijn gebleven. Het zijn de momenten van ontroering en herkenning, van verbijstering en schokkende beelden, ook de blijdschap over het weerzien van dit geliefde land, die deze tijd zo waardevol heeft gemaakt.

BEVRIJDING?

In deze dagen, lopend over de smalle paadjes tussen de rijstvelden, kom ik tot klaarheid. Het was goed zo en verrijkt met alle ervaringen gaan we straks terug.

In de avond zie ik de rook kringelen van de houtvuurtjes in de kampong, hoor ik de krekels en al die ondefinieerbare geluiden die bij dit land horen. Deze gevoelens zijn subtiel en niet over te dragen, alleen herkenbaar voor wie hier woonde en werkte.

We ontmoetten zendingsmensen: docenten, wetenschappers, maatschappelijk werkers. Met hen is die band er niet. Zij kennen de voorgeschiedenis niet, ze zijn van een andere generatie en bezien land en volk met andere, na-oorlogse ogen. Ik voel een zekere distantie en betrap mezelf erop, dat ik met heimwee denk aan vroeger, wanneer één van hen opmerkt dat Indonesië voor kinderen niet zo ideaal is als men hem wilde doen geloven. Ik proef iets als een verwijt in zijn opmerking, dat de Hollanders van voor de oorlog nu hier komen met de gedachte 'tempo doeloe' (de tijd van vroeger) terug te vinden.

Het is misschien soms, maar zeker niet altijd waar. Toen onze kinderen klein waren, was het een heerlijk land. Ze leefden er veilig, zonder gevaren, zonder angst, in open tuinen, zonder afgesloten hekken. Ik ga vergelijken, maar dat is niet eerlijk. De geschiedenis is niet terug te draaien.

Maar wat weten mensen van na de oorlog van de vertrouwenssfeer met onze bedienden — men noemt ze nu 'saudara's', vrienden — van hun trouwe zorg en liefde voor onze kinderen, van hun toewijding, die tot ver na de oorlog reikte? Het feit dat we nu gast zijn in het land dat we eens, ondanks het vele goede dat we er brachten, onrechtmatig in bezit hebben genomen, doet niets af aan de verbondenheid met dit volk. De band in drie eeuwen gegroeid is niet zo maar te verbreken.

Het einde van ons verblijf in Bandungan nadert. Wat zijn we tante Auk dankbaar, dat we in haar gezellige huis mochten logeren en zij ons met haar jarenlange ervaring en kennis van land, taal en volk heeft geholpen al die plaatsen terug te vinden, die voor ons zo belangrijk waren. Ze doet ons uitgeleide naar het vliegveld, nadat we hartelijk afscheid hebben genomen van haar trouwe hulpen.

Voor het laatst rijden we langs de rijstvelden, de dessa's, waar de vrijheidspalen hoog staan opgericht als zichtbaar bewijs, dat we hier in de staat Indonesië zijn, een staat die een eigen politiek volgt, een eigen koers vaart volgens eigen maatstaven.

Zal het land er eens bovenop komen? Kunnen we dat nu al verwachten? Zou de kloof tussen Indonesië en Nederland misschien eerder overbrugd zijn geweest, wanneer niet die rampzalige politionele acties hadden plaats gevonden? Ik denk aan de eens zo mooie dorpen, die platgebrand werden, aan de vele slachtoffers, de verschroeide aarde . . . Ook dit gebeuren is niet meer ongedaan te maken en zal altijd een zwarte bladzijde in onze geschiedenis blijven.

Het land bouwt aan zijn toekomst, het werkt en worstelt, heeft grote plannen en neemt initiatieven. 'Gezondheid en welvaart voor allen' staat in de grondslag, leesbaar op veel vrijheidspalen. Zullen ze het waar maken en die welvaart dan ook delen met de werkelozen, de hongerigen, de verpauperden, de displaced persons in de samenleving? Of zullen zij er vergeefs naar blijven reiken? Wie ben ik dat ik me een oordeel zou kunnen of durven vormen over hun toekomst?

Een hartelijk afscheid van tante Auk. We wuiven haar na als ze naar de auto loopt, die haar naar haar bergdorp zal terugbrengen. Het zal weer even stil zijn na deze goede weken, maar in de avond is er het uur van aandacht en bezinning, samen met haar kleine groepje. Ze praat daarna met hen over de kleine dingen van de dag, maar probeert hen ook te betrekken bij het wereldgebeuren. Misschien door weinigen geweten zijn deze uren, maar zijn ze misschien een van de tekenen van het Koninkrijk?

Deze gedachte neem ik mee als we in het vliegtuig stappen en na een korte vlucht in Jakarta overstappen in de grote Boeing die ons terug zal brengen naar Nederland.

Het vliegtuig stijgt op, het weer is helder. De kustlijn tekent zich scherp af langs de gordel van smaragd, maar ik weet achter die schoonheid de krottenwijken, naast de trotse imposante gebouwen de grootste armoede en de slechte omstandigheden van de gediscrimineerde Indische Nederlanders. De tegenstellingen zijn groot.

De kustlijn vervaagt. Ik tuur, tot ik niets meer kan zien, dan wend ik me af. Zullen we hier nog eens komen? Zal ik, eenmaal in Holland, bevrijd zijn van dat latente heimwee, dat er altijd alle jaren door geweest is, of zal het misschien een ander karakter dragen? Ik weet het niet.

Maar als we op Schiphol landen en er een blij weerzien is met kinderen en kleinkinderen, als we terugrijden naar huis, zie ik in plaats van weilanden Javaanse boeren achter hun primitieve ploeg en ik weet, dat ik nooit zal loskomen van het land, dat we voor altijd achter ons gelaten hebben.